Compendio Cronológico De La Historia Y Del Estado Actual Del Imperio Ruso...

Luis de Castillo

COMPENDIO
CRONOLÓGICO
DE LA HISTORIA
Y DEL ESTADO ACTUAL
DEL IMPERIO RUSO:

ESCRITO POR D. LUIS DEL CASTILLO.

CON SUPERIOR PERMISO.

EN MADRID, EN LA IMPRENTA DE AZNAR.

AÑO DE MDCCXCVI.

AL EXC.^{MO} SEÑOR

DON MANUEL DE GODOY

Y ALVAREZ DE FARÍA, RIOS, SANCHEZ ZARZOSA, PRINCIPE DE LA PAZ, DUQUE DE LA ALCUDIA: SEÑOR DEL SOTO DE ROMA Y DEL ESTADO DE ALBALÁ: GRANDE DE ESPAÑA DE PRIMERA CLASE: REGIDOR PERPETUO DE LA CIUDAD DE SANTIAGO: CABALLERO DE LA INSIGNE ORDEN DEL TOYSON DE ORO: GRAN-CRUZ DE LA REAL Y DISTINGUIDA ESPAÑOLA DE CARLOS TERCERO: COMENDADOR DE VALENCIA DEL VENTOSO, RIVERA Y ACEUCHAL EN LA DE SANTIAGO: CABALLERO GRAN-CRUZ DE LA RELIGION DE S. JUAN: CONSEJERO DE ESTADO: PRIMER SECRETARIO DE ESTADO Y DEL DESPACHO: SECRETARIO DE LA REYNA NUESTRA SEÑORA: SUPERINTENDENTE GENERAL DE CORREOS Y CAMINOS: PROTECTOR DE LA REAL ACADEMIA DE LAS NOBLES

AR-

Artes, y de los Reales Gabinete de Historia Natural, Jardin Botanico, Laboratorio Chîmico y Observatorio Astronómico : Gentilhombre de Camara con exercicio : Capitan General de los Reales Exercitos : Inspector y Sargento mayor del Real Cuerpo de Guardias de Corps &ç. &c. &c.

Exc.^{MO} Señor:

LA Obra que tengo el honor de presentar á V. E. es un ensayo de mis primeras tareas, para probar de algun

mo-

modo que no ha sido enteramente inútil á mi Patria mi estancia en Rusia: su lectura puede producir instruccion y aumento de consideracion en el Comercio y Marina Mercante: ofrecerla á V. E. es mas bien obligacion, que obsequio, pues ¿á quién se la puedo dedicar con mas justicia sino á V. E. que está á la frente de la primera Secretaría de Estado: que protege con el mayor esmero la aplicacion; y á quien debo todo mi bien estar? No me dilato en describir los timbres de la Ilustre Casa de V. E. por ser empresa superior á mis fuerzas, y que no desempeñaría dignamente: tampoco me detengo en las estimables calidades de la persona y benévolo carácter de V. E. por ser notorias á

quan-

quantos tienen la fortuna de tratar ó
depender de V..E. y solo conseguiría
molestar su modestia, por lo qual con-
cluyo deseando que nuestro Señor guar-
de la importante vida de V. E. los mu-
chos años que deseo y necesito.

EXC.MO SEÑOR:

A L. P. de V. E. su mayor servidor

Luis del Castillo.

PRÓ-

PRÓLOGO.

HAbiendo estado en Rusia quatro años pensionado por S.M. para aprender las lenguas Francesa, Alemana y Rusa, hice todos los esfuerzos posibles para adquirir conocimientos relativos á aquel Imperio, del qual hay pocas noticias en España, y valiendome de la lectura de los mejores Autores Rusos y Alemanes, á los quales he seguido, he formado esta Obra, que presénto al Público, y contiene primeramente un compendio Cronológico de la Historia de Rusia, y en la segunda parte se trata de su estado actual, cuya lectura puede producir instruccion y aumento de Comercio.

Es cosa cierta que el Comercio es una de las causas de la felicidad de un Reyno, y contribuye á la poblacion, porque los propietarios de los frutos de la tierra, quieren trocarlos por goces: los hombres sin propiedades desean cambiar su trabajo por subsistencias; en esta sencilla operacion contribuyen á la poblacion, acer-

can-

cando á los propietarios los objetos que les son agradables , y al mismo tiempo hacen circular los géneros de primera necesidad á proporcion de las urgencias que observan y preveen; asi pues el Comercio es asunto de mucha consideracion.

En Grecia los mas grandes Señores eran Comerciantes. Solón , descendiente de la familia del Rey Codro , costeó sus viages con lo que habia ganado en el Comercio. Platón vivia en Egipto con la ganancia de los aceytes que vendia. Por animar el Comercio y las Artes, los Grandes de Inglaterra no se desdeñan de ser admitidos en alguno de los Gremios, y los Segundos de toda la Nobleza se aplican al Comercio, sin perder las prerrogativas de Nobles, y éste es el origen del gran poder de la Inglaterra. Por el Comercio llegaron los Venecianos á aquel punto de grandeza que asustaba á las mas poderosas Monarquías por los años de 1500, en tiempo del Dux Tomás Mocénigo , que tenia particular habilidad para el tráfico, y conocia el precio de la paz, conocimiento suma-

men-

mente necesario en el que gobierna.

La Navegacion es tambien un origen de poder, y importa mucho se proteja: los Fenicios se hicieron poderosos con sus viages marítimos, aunque su Comercio era solo de luxo, pues consistia en metales, vidrio y púrpura: recorrieron las costas de Africa, las de la Grecia, en donde fundaron á Tebas: reconocieron la Sicilia, empezaron el establecimiento de Cartágo en Africa, estuvieron en la Cerdeña, bordearon la costa oriental de España, y pasando el Estrecho, entraron en el Occéano, fundaron á Cadiz, corrieron toda la costa meridional de esta region, subieron por dicho mar hasta las Casitérides ó las Sorlingas, y llegaron á la Gran Bretaña; y dice la Historia, que la primera vez que desembarcaron los Fenicios en España, hallaron tanta plata, que no la pudieron llevar toda en sus Naves; y tambien la navegacion, solo por lo que hace á la pesca, es una especie de Agricultura, porque multiplica las subsistencias.

Con

Con el fin de promover el Comercio y el aumento· de Marineros expertos para la Marina Mercante, se ha escrito esta Obra, si lo consigo, se habrán cumplido mis deseos, y no entraré en el número de los absolutamente inútiles á su Patria.

COM-

COMPENDIO CRONOLÓGICO
DE LA HISTORIA
DE RUSIA.

Los Orientales quieren que los Rusos sean descendientes de *Russ* hijo de *Jafét*, tercer hijo de Noé; pero el origen de este Pueblo antiguo nos es tan desconocido, como fabuloso. Lo cierto es, que los Rusos fueron desde tiempo inmemorial un pueblo particular, y que despues se confundieron con los *Slavos*, como lo comprueba la lengua, sus costumbres y algunos testimonios históricos antiguos. Los Slavos y no Esclavones, como los llaman por corrupcion, no han sido conocidos en Europa báxo este nombre, hasta el siglo quatro. Este pueblo, que salió del Oriente, se esparció por todo el país que habitaban los Rusos, y fueron confundidos por los antiguos con otros pueblos diferentes, con el

B 2   nom-

nombre de *Scytas*. Los Slavos Rusos fueron cobrando do fama conquistando é imponiendo tributos á las Naciones de diferente origen y lengua, que vivian desde la *Lituania*, hasta los montes que confinan con la *Siberia*, y desde el *Bielo-Ozero* y el Lago de *Rostof*, hasta el mar Blanco; pero este pueblo, libre y dominante por mucho tiempo, se vió despues sujeto y tributario: para sacudir el yugo de sus enemigos, tuvieron que elegir un Soberano, y ésta es la época en que la Historia de Rusia empieza á ser conocida.

Quando los Slavos salieron del Oriente, parece que donde principalmente se esparcieron fué en la orilla del *Dneper*, donde construyeron la ciudad de *Kief*, cuya fundacion no se puede asegurar qué año fué, ni á quién se le deba precisamente atribuír, sin embargo de que algunos Historiadores quieren asegurar, que *Kiy* (que unos dicen ser un Príncipe antiguo de aquel país, y otros un simple Barquero) fué quien echó los cimientos de esta ciudad en 430; pero los succesores de Kiy son enteramente desconocidos, y no se hace mencion alguna de los pueblos que gobernó, hasta el año de 861, en cuyo tiempo los Historiadores Griegos refieren una incursion de los Rusos sobre Constantinopla, la que de-

debemos atribuír á los habitantes de Kief.

. Poco despues de la fundacion de Kief, otra ciudad que fué mucho tiempo la mas importante de
la Rusia , se empezó á edificar en la orilla del *Wol-
cof*, cerca del Lago *Ilmen*, con el nombre de *Nowogorod*, que significa Ciudad nueva , y ésta era la
principal residencia de los Slavos Rusos ; pero la
Historia de Nowogorod nos es tan desconocida hasta el siglo nueve , como la de Kief.

Los habitantes de Nowogorod se gobernaron libremente por sí mismos mucho tiempo ; pero ciertas discordias que acaecieron, fueron causa de que se
sometiesen é hiciesen tributarios de los *Waregos*,
nombre que tenian los habitantes de las playas del
mar Báltico , gente toda entregada entonces á la pi-
ratería. Los Nowogorodianos al cabo de algun tiempo, cansados de la opresion en que vivian, y animados por algun resto de su antigua libertad, sa-
cudieron el yugo de sus opresores negandose á pa-
garles los tributos que les habian impuesto ; pero
esta independencia les duró poco tiempo. Las divisiones intestinas los obligó á que fuesen á buscar
un Soberano entre sus antiguos opresores los Waregos. Tres hermanos, Príncipes de esta nacion, llegaron á Nowogorod á instancias de sus habitantes;

se

se llamaban *Ruric* , *Cinaf* y *Truwor* , los quales no fixaron su residencia en la Capital , sino en las fronteras de la República.

Con el nombre de Rusos ó Roxcelanos fueron antiguamente llamados algunos pueblos del Norte; pero desde la llegada de Ruric , que llevó consigo varios Waregos Rusos , todas las tierras que estaban báxo su dominacion , han sido conocidas con el nombre de Rusia.

No tardaron los habitantes de Nowogorod en arrepentirse de haber llamado y sujetadose á la dominacion de los tres Estrangeros , y asi se levantaron contra ellos teniendo por Caudillo á *Wadim* , cuyo valor celebran las antiguas Crónicas ; pero todo el fruto de esta sedicion fué el que quedasen mas sujetos que antes , pues Ruric los venció , y mató él mismo por su mano al valeroso Wadim. No fué esta accion sola la que acabó de asegurar el Trono y el dominio de Ruric , sino que poco despues, habiendo muerto sus dos hermanos sin succesion, vió engrandecer sus Estados, y distribuyó algunas ciudades entre sus principales guerreros , para tener así aseguradas las fronteras , y él vino á fixar su residencia á Nowogorod , donde reynó en paz 17 años, al cabo de cuyo tiempo murió, dexando un hi-

hijo de corta edad, llamado *Igor*.

879. Por disposicion de Ruric fué el Estado administrado, durante la menor edad de Igor, que apenas tendria 17 años, por su pariente *Oleg*. Este hombre guerrero y ambicioso, luego que tuvo en sus manos el poder que se le habia confiado, empezó á juntar gente de diferentes naciones, y acompañado del jóven Igor partió á la frente de todos ellos contra la ciudad de Kief, de la que á poco tiempo se hizo dueño, dando muerte ignominiosamente á dos hermanos, que entonces reynaban en ella, llamados *Ocshold* y *Dyr*. Oleg fixó su residencia en Kief, é impuso tributos á las demas ciudades dependientes de ésta, y á los diferentes pueblos que fué conquistando, entre ellos á los *Drewlianos*; pero no fueron estas las mayores victorias y empresas del Regente, sus miras ambiciosas se estendian hasta Constantinopla; y á la frente de ochenta mil combatientes partió contra esta capital, donde reynaba entonces el Emperador Leon, el qual se vió obligado á hacer la paz con los Rusos con unas condiciones sumamente ventajosas para estos, los que triunfantes y cargados de riquezas, se volvieron á su patria, en donde fueron admirados por sus compatriótas, y Oleg venerado como un Dios. Este

te guerrero felíz, que habia sido el terror de aque-
-llos pueblos, murió á poco tiempo de resultas de haberle picado en una pierna un despreciable reptil,
habiendo gobernado unos Estados de los quales solo era depositario.

913. No bien hubo muerto Oleg, quando todos
los pueblos vecinos y tributarios de los Rusos, se
negaron á pagar las contribuciones, creyendo haber encontrado una ocasión de recobrar la libertad,
que Oleg les habia quitado. Los Drewlianos, que
fueron los primeros á levantarse, fueron inmediatamente sujetados por el nuevo y legítimo Soberano,
y obligados á pagar un tributo mayor que antes.

Los *Petschenegos*, nacion hasta entonces desconocida, y que han sido los enemigos mas formida-
bles de la Rusia, salieron entonces de las orillas
del *Yaic* y del *Wolga*, y vinieron á acometer á los
Rusos, los quales tuvieron la fortuna de rechazar-
los.

Igor, á imitacion de su Tutor, partió á la frente
de trescientos mil hombres contra el Imperio del
Oriente; pero su expedicion no fué tan dichosa como
la de Oleg. Los Rusos fueron por tres veces consecutivamente derrotados por mar y tierra, y el desgraciado Igor volvió á sus Estados apenas con la
ter-

tercera parte de sus Tropas. Esta terrible desgracia, en vez de desanimarlo, lo irritó de nuevo; hizo juntar nuevas tropas, y salió segunda vez contra la Grecia; y en esta empresa tuvo mejor suceso, pues *Romano*, que habia entonces usurpado el trono de Constantinopla, fué obligado á dar á los Rusos el mismo tributo que antes les habia impuesto el Regente Oleg. Igor no contento con esta victoria, y ya de bastante edad, quiso someter á los Drewlianos, quienes le dieron muerte en la segunda expedicion que intentó contra ellos.

945. Igor dexó un hijo, llamado *Siwatoslaf*, de tan poca edad, que su madre *Olga* tuvo que encargarse del gobierno del Estado, cuyas primeras diligencias fueron vengar la muerte de su esposo sobre los infelices Drewlianos. Este pueblo, cuyo nombre se deriva de la palabra *drewá*, que significa madera, fué enteramente destruído, y la mayor parte de ellos sacrificados á la venganza de Olga. Esta Princesa devuelta á su Capital, despues de haber visitado sus dominios, tuvo deseos de abrazar el Christianismo, de cuya Religion habia oído hablar, y resolvió ir á Constantinopla, para instruírse mejor de los Dogmas y creencia de los Christianos. El Emperador *Constantino Porfirogenetes* fué

C   pa-

padrino en el Bautismo que recibió Olga en 955, dandola el nombre de *Elena*, y cargandola de muchos regalos; pero no pudo convertir á su hijo al Christianismo, y muy pocos de sus vasallos se convirtieron.

955. Luego que Olga salió de sus Estados para Constantinopla, dexó las riendas del gobierno en manos de su hijo, que reynó con el nombre de *Swiatoslaf, I. Yegorowitch.* Este Príncipe, de carácter guerrero, hacía una vida salvage, habitaba siempre en los campos con sus Soldados, y se sustentaba como ellos, solo de carne de Caballo. La primera guerra que sostuvo fué contra los *Kozaros*, pueblo de raza Turca, á quienes despues de haberlos derrotado, los hizo tributarios.

El Imperio Romano se hallaba en este mismo tiempo invadido por los *Húngaros*, auxiliados en secreto por los *Búlgaros. Nicéforo Phocas* imploró el auxílio de Swiatosla contra estos últimos, y este Príncipe, que solo deseába combates, fué inmediatamente á su socorro. En su ausencia volvieron los Petschenegos á desolar la Rusia, y pusieron sitio á Kief, donde se hallaban los hijos y la madre de Swiatoslaf. El pronto socorro con que acudió el General *Pritich*, y la estratagema de un jóven, impipidieron que los rebeldes se apoderasen de la ciudad, la que quedó enteramente libre de ellos. Luego que Swiatoslaf supo la incursion de los Petschenegos en sus Estados, vino contra ellos, los derrotó, los persiguió, y les concedió por último la paz.

Su madre Olga, ya á los últimos dias de su vida, lo detuvo por entonces, y murió esta Princesa poco despues, contandola la Iglesia Rusa entre sus Santas. Swiatoslaf, despues de la muerte de su madre, distribuyó sus dominios entre sus hijos, reservandose sin embargo la suprema autoridad, y volvió otra vez con sus Tropas contra los Búlgaros y Húngaros, donde adquirió mucha fama, haciendo varias conquistas; hasta que por último, vencido y derrotado por los mismos Griegos, á cuyo auxilio habia ido, tuvo que volverse á su patria, y en el camino fué asesinado con el resto de sus Tropas, por los mismos Petschenegos, á quienes pudo antes destruir para siempre.

973. El repartimiento que Swiatoslaf hizo de sus Estados entre sus hijos, fué Kief, á *Yaropolk*; á Oleg, el país de los Drewlianos; y Nowogorod, á *Wladimir*. Ciertas disputas suscitadas entre Yaropolk y Oleg, fueron causa que estos dos hermanos se hiciesen la guerra, y el último fué derrotado y

muer-

muerto por el primero. El tercer hermano, teme-
roso y cobarde, se retiró entre los Waregos, abandonando sus Estados á su hermano, que los repar-
tió entre sus *Woyewodos* ó Gefes; pero recobrado
Wladimir del susto que le habia inspirado la llegada de su hermano, imploró el socorro de los Waregos, y volvió á entrar en Nowogorod casi con
la misma facilidad con que había salido. Inmediatamente hizo juntar un poderoso Exército, y marchó contra su hermano Yaropolk, el que descuida-
do y vendido por sus confidentes, fué muerto por
los Soldados de Wladimir, el qual vengó la muerte de un hermano con la vida del otro.

980. *Wladimir I. Swiatoslawitch* quedó hecho
dueño de todos los Estados que su padre habia re-
partido entre él y sus hermanos. Sometió diferentes
naciones; pero lo que su reynado trae mas digno
de notar, es la reunion de la nacion Rusa á la Iglesia Griega, la qual habia vivido en la idolatría. La
fama y el poder de los Soberanos Rusos se habia
esparcido ya entre todos los Príncipes circunveci-
nos, y todos temian las armas de Wladimir, y
procuraban ganar su amistad, unos queriendo atraer-
lo á su Religion Romana, y otros exôrtandolo á
que abrazáse el Mahometismo; pero ninguno de ellos

pu-

pudo conseguir sus deseos. Un Griego mas dichoso, tuvo la fortuna de inspirarle alguna inclinacion
á la Religion Griega, la que acabó de afirmarse
con la relacion que le hicieron unos hombres que
él mismo habia enviado á observar las distintas Religiones, entre las diversas naciones que confinaban
con sus Estados, los quales, admirados del aspecto respetable del culto Religioso de los Griegos, le
afirmaron, que la creencia de aquel pueblo debia
ser la verdadera, y que si no, no la hubiera abrazado la Princesa Olga. Wladimir determinó hacerse bautizar, y resolvió ir á hacer la guerra á los
Griegos para pedirles de mano armada el Bautismo
y su Religion; proyecto propio de aquel tiempo.
Despues de algunas conquistas que hizo sobre los
Emperadores *Basilio* y *Constantino*, les envió á pedir por esposa á su hermana la Princesa *Ana*, y
se vieron precisados á entregarsela con condicion de
que recibiría el Bautismo, cuya ceremonia se hizo, y
tomó el nombre de *Basilio*. De vuelta á sus Estados hizo derribar todos los Idolos, y obligó á sus
vasallos á seguir la Religion que él acababa de tomar. Wladimir sostuvo despues varias guerras particularmente contra los Petschenegos, los que despues de varios combates lo derrotaron; pero no fué

es-

este golpe el que estaba preparado para acabar con su vida. En las diferentes distribuciones que hizo de sus Estados entre sus siete hijos, habia tocado Nowogorod á su hijo Yaroslaf, el qual se negó á pagarle el tributo á que estaba sujeto como vasallo, para cuyo efecto animó á los Waregos contra su padre, que de pena de tener que ir contra un hijo rebelde, murió en el camino al cabo de un reynado de 45 años, y fué contado entre el número de Santos por la Iglesia Rusa.

1015. *Swiatopolk I.* hijo de Wladimir, se apoderó del gobierno luego que murió su padre, para cuyo efecto hizo asesinar á sus tres hermanos *Boris Gleb* y *Swiatoslaf*, de una manera cruel. Otro hermano suyo, llamado *Yaroslaf*, que mandaba en Nowogorod, luego que supo la muerte de sus hermanos, le declaró la guerra, y al cabo de una sangrienta batalla, obligó á huir á Swiatopolk, que fué á refugiarse á Polonia, donde entonces reynaba su suegro *Boleslao I.* Yaroslaf declaró la guerra á la Polonia; pero fué derrotado por Boleslao, que entró triunfante en Kief, donde puso otra vez sobre el trono á Swiatopolk, y hizo acantonar sus tropas al rededor de la ciudad. El nuevo Soberano, que debia su Corona á los Polacos, mandó degogollarlos, y la mayor parte de ellos fueron víctimas del tirano. Boleslao, indignado del proceder de su yerno, se apoderó de sus tesoros, y se retiró á sus Estados, reuniendo á la Polonia la Rusia roxa, y sin haber querido echarlo del trono, cuya empresa estaba meditada por su hermano Yaroslaf, que á la frente de un poderoso Exército se hizo dueño de Kief, que Swiatopolk habia vergonzosamente abandonado, refugiandose entre los Petschenegos, á quienes pidió socorro contra su hermano ; pero despues de una batalla que duró tres dias, derrotó Yaroslaf á su hermano, el qual murió desesperado al quererse retirar segunda vez á Polonia.

1019. Con la muerte de Swiatopolk quedó *Yaroslaf I. Wladimirowitch*, hecho dueño de Kief y del trono de su padre; pero poco despues, su sobrino el Príncipe de *Polotsk* perturbó su tranquilidad apoderandose y saqueando la ciudad de Nowogorod. *Mstislaf* hermano de Yaroslaf, al que en el repartimiento de Wladimir habia tocado la ciudad de *Tmutaracan*, cuya situacion se ignora donde fué, vino á atacarlo á Kief, y aunque al principio fué rechazado en una segunda batalla, derrotó á su hermano Yaroslaf, y le obligó á ceder diferentes Provincias. A este mismo tiempo el Rey de

de Polonia Boleslao, declaró la guerra, y venció
al desgraciado Yaroslaf; pero éste tuvo la fortuna
de que á poco tiempo muriese su hermano Mstislaf sin succesion, y su dominacion fué reunida al
Weliki Kniaz ó gran Príncipe de Kief, como entonces se llamaban. Yaroslaf engrandeció infinito sus Estados, conquistando la *Livonia*, habita-
da antiguamente por los *Tchudos*, y reconquistó
de la Polonia la Rusia roxa. En 1043, ciertas discordias suscitadas entre los Mercaderes Rusos y Griegos, fueron causa de que estas dos naciones se decla-
rasen la guerra, que duró tres años, sin que ninguna
consiguiese otra cosa que su mutua destruccion. La
grande extension de la dominacion de Yaroslaf y el
esplendor de su reynado, le hiciéron ser el primer
Soberano del Norte. Su fama se estendió hasta el Occidente, y el Rey de Francia *Henrique I.* le pidió por
esposa, y se casó con su hija *Ana*, conocida despues
con el nombre de Inés. Al cabo de un reynado de
35 años murió Yaroslaf dexando sus Estados en la
situacion mas brillante, pues habia construído Iglesias y ciudades, y puso particular atencion en la
educacion de la juventud, confiandola á los Eclesiásticos. Las leyes que este Príncipe dictó á los
Nowogorodianos, le han hecho mirar por el primer

Le-

Legislador de la Rusia; pero aun antes de la Regencia de Oleg tenian los Rusos sus leyes, y eran gobernados segun ellas. Yaroslaf, á imitacion de su padre, dividió antes de su muerte sus Estados entre sus cinco hijos llamados *Isiaslaf*, *Swiatoslaf*, *Wsewolod*, *Wiatcheslaf* é *Igor*, y los tres primeros ocuparon succesivamente el trono principal de la Rusia.

1054. El mayor de todos, conocido en la Historia Rusa con el nombre de *Isiaslaf I. Yaroslawitch*, y por los Estrangeros con el de *Demetrio*, que recibió en el Bautismo, reynó despues de la muerte de su padre sobre las dos principales dominaciones de la Rusia, Kief y Nowogorod. Los Turcos vecinos de los Rusos, llamados por los Chinos Turcos *Coza*, vinieron á atacar á Wsewolod, que estaba en *Pereslawle*, ciudad situada en la orilla del Dneper, el qual, unido á sus dos hermanos, pudo derrotarlos enteramente. Otra raza de Turcos no conocida hasta entonces, se presentaron y destrozaron á Wsewolod, retirandose despues de haber saqueado todo el país que este Príncipe ocupaba. Este pueblo nuevo vivia entre el Don y el Yaic, y son los mismos que nosotros conocemos por Tártaros, á los que los Rusos daban el nom-

D   bre

bre de *Póloftzí* (cazadores); pero estos enemigos no hubieran sido nunca temidos de los Rusos, si la buena harmonía hubiera reynado entre ellos. Las divisiones intestinas fueron causa de todos los males que la Rusia padeció, la que al fin tuvo que someterse al yugo de los Tártaros. Isiaslaf se vió por dos veces destronado, y por dos veces vuelto á poner sobre el trono por el Rey de Polonia; pero por último fué muerto en una batalla contra los Poloftzí, en defensa de su hermano Wsewolod, por quien antes se habia visto destronado, y al que perdonó generosamente.

1034. Isiaslaf dexó despues de su muerte dos hijos en edad de reynar; pero por cierta costumbre introducida, los hermanos de los Soberanos eran preferidos á los hijos para la succesion; y así Wsewolod subió al trono que su hermano acababa de dexar, y puso á sus sobrinos en el gobierno de diferentes Provincias. Este Príncipe reynó en paz en Kief 15 años, y murió á los 76 de edad, sin que su reynado trayga nada que sea digno de observar, sino es la peste que en el año anterior al de su muerte desoló grande parte de la Rusia.

1093. Wsewolod dexó un hijo llamado Wladimir, el qual no ocupó el trono; pues la costumbre

bre que habia para la succesion era, que si el Príncipe no tenia hermanos que le succediesen, debia
pasar la Corona al hijo de su hermano mayor, y
asi subió al trono Swiatopolk II. hijo de Yaroslaf.
En tres guerras consecutivas, que tuvo con los Poloftzí, vió arruinados sus Estados por ellos, y tuvo
que casarse con la hija de uno de sus Príncipes.
Las discordias entre los diferentes Príncipes Rusos
continuaban, y para apaciguarlas se tuvieron dos
congresos, á los que concurrieron todos los Príncipes, los principales Eclesiásticos y *Boyaros* (Señores), y en el qual se trató de los asuntos del Estado en general. Cada uno juró mantenerse quieto en
sus respectivos Principados; pero concluído el congreso, volvieron á renacer los desórdenes con mas
violencia que nunca; efecto infalible de lo dividido que se hallaba el Estado por los diferentes re-
partimientos que de él habian hecho los Príncipes
anteriores entre sus hijos. Swiatopolk, al cabo de
un reynado de 20 años, en el que no tuvo un mo-
mento de quietud, murió con el consuelo de ver
apaciguados en parte los Príncipes de su sangre.

1113. Wladimir II. por sobrenombre el *Mo-*
nomaco, hijo de Wsewolod I. fué nombrado por toda la nacion para ocupar el trono que su padre ha-

D 2   bia

bia tenido antes. Tuvo la grande dicha de mante-
ner el buen órden entre todos los Príncipes, y sus
hijos fueron á hacer la guerra á los Poloftzí y al
Rey de Polonia; pero no tuvieron tanta fortuna contra estos últimos, como contra los primeros. El pa-
cífico reynado de Wladimir trae pocos sucesos no-
tables; y este Príncipe murió de edad de 71 años,
dexando ocho hijos todos á la cabeza de una ó diferentes Provincias. El año anterior á su muerte
hubo un incendio tan grande en Kief, que duró tres
dias, y reduxó á cenizas mas de 500 Iglesias, y otros
muchos edíficios; por lo que se puede considerar
quan grande sería esta Ciudad, y que las Artes no
eran ya desconocidas de los Rusos.

1125. *Mstislaf I.* hijo de Wladimir, tomó posesion de la soberanía de Kief luego que murió su
padre. Rechazó diferentes veces á los Poloftzí, que
no dexaban de hacer incursiones en el territorio Ruso; pero su reynado fué bastante tranquilo, y solo
es notable por las calamidades que se sufrieron en
Rusia, las quales obligaron á muchos habitantes á
abandonar su patria, y otros tuvieron que vender
sus hijos para que no sufriesen el rigor del hambre.

1132. Mstislaf murió al cabo de seis años, y
la eleccion de los habitantes de Kief recayó sobre

su

su hermano *Yaropolk II.*, Príncipe de Pereslawle, y durante su corto reynado, las guerras intestinas continuaron entre los Príncipes de una misma sangre, destruyendose mutuamente.

1139. *Wiatscheslaf* subió al trono despues de la muerte de su hermano Mstislaf; pero apenas tomó posesion, fué arrojado de él por Wsewolod II. hijo de Oleg, descendiente de Yaroslaf. Las discordias entre los diferentes Príncipes Rusos se animaron con mas fuerza, y la ciudad de Nowogorod se vió gobernada en un corto espacio de tiempo por tres Príncipes distintos, á los quales el Weliki Kniaz Wiatscheslaf hizo la guerra, y murió en fin aborrecido de sus vasallos.

1146. El trono fué ocupado por su hermano *Igor*, Príncipe tan duro como orgulloso, el qual tuvo que abandonarlo al cabo de seis meses por haberse hecho aborrecer de sus pueblos, que llamaron á Isiaslaf, hijo de Mstislaf, para que los gobernáse, y fué proclamado primer Soberano de la Rusia. Su primera diligencia fué hacer buscar al fugitivo Igor, que acababa de destronar, y lo hizo meter en un encierro para asegurarse de su persona. El desgraciado Igor pidió desde su prision que le dexasen tomar el Ábito de Religioso, y lo llevaron en efecto á un Convenvento, donde poco despues fué asesinado por el pueblo de Kief, por haber intentado sus hermanos vengarlo, para cuyo efecto habian declarado la guerra al nuevo Soberano; pero sus diversas tentativas fueron infructuosas, hasta que ayudados despues por Yuri, hijo dè Wladimir Monomaco, consiguió éste echar á Isiaslaf del trono.

1149. *Yuri* ó Jorge I. Wladimirowitch *Dolgorruky* ó mano larga, se apoderó del trono de Kief; pero Isiaslaf, auxíliado por un Exército Húngaro y por el *Woyewodo* de *Transilvania*, fué poco despues restablecido en sus Estados, y hasta su muerte tuvo siempre que estar con las armas en la mano contra Yuri Dolgoruki y los Poloftzí.

1154. Segun la costumbre establecida, Mstislaf, hijo del último Soberano, no podia suceder á su padre; y así pasó la corona á *Rostislaf I.*, hermano de Isiaslaf, que era Príncipe de *Smolensko*, el qual fué á poco destronado por Isiaslaf, Príncipe de *Tchernigof*; y éste por su vez lo fué por Yuri Dolgorruky, que subió al trono de la Rusia segunda vez. Los Poloftzí, que habian sido sus aliados, le declararon la guerra diferentes veces, y murió á los 66 años de edad, habiendo poblado infinito sus Estados atrayendo á ellos muchos Búlgaros, Húngagaros y otros pueblos vecinos. Tambien fundó diferentes ciudades, entre ellas á *Wolodimir*, sobre el *Klazma*, que fué despues mucho tiempo la capital de la Rusia, y echó igualmente los primeros cimientos de la ciudad de Moscof en un terreno situado entre los rios *Moskva*, *Yuza* y *Neglina*.

1156. A la muerte de Yuri, su hijo *Andrés I.* fué proclamado Soberano. Las diferentes guerras que sostuvo contra los Búlgaros y los Príncipes Rusos, cuyos ataques se dirigian siempre contra Kief, destruyeron esta ciudad de tal manera, que no fué ya mirada como la capital, y la residencia de la Corte se trasladó á Wolodimir. Las guerras intestinas asolaron igualmente á Nowogorod, que en el espacio de quatro años fué gobernada por nueve Príncipes diferentes. Andrés, aborrecido de la nacion y de los demas Soberanos, fué asesinado en la cama por sus mismos vasallos, que exercieron mil crueldades en su cadaver, y los Eclesiásticos le negaron la sepultura.

1177. *Wsewolod III.*, hijo de Yuri Dolgorruki, fué elegido despues por toda la nacion, y por derecho de succesion. Este Príncipe hizo castigar á los asesinos de su hermano Andrés, y tuvo la fortuna de vencer á todos los que succesivamente lo ata-

atacaron, y ver restablecida la concordia entre todos los Príncipes; caso bien raro en aquellos tiempos; pero la tranquilidad fué de poca duracion;
pues los Búlgaros y los Poloftzí asolaron de nuevo la Rusia, y triunfaron siempre de Wsewolod,
el qual dividió sus Estados entre sus cinco hijos,
segun la antigua costumbre.

1212. A *Yuri ó Jorge II. Wsewolodowitch* le
tocó el gran Principado de Wolodimir, que entonces era tenido por el principal de todos. Sus hermanos no contentos con los Estados que les habia
dexado su padre, y ofendidos de que hubiese preferido á todos ellos á su hermano menor Yuri, le
decláraron la guerra, y al cabo de diferentes batallas fué destronado por su hermano mayor *Constantino*, que murió á poco, nombrando por succesor
suyo á su hermano Yuri, al que acababa de destronar, y dexandole recomendados sus hijos.

1218. Yuri se vió por la segunda vez en posesion de sus Estados; pero desde este mismo instante no va á ser la Rusia mas que una larga série de horrores y crueldades. La Rusia, desde el
reynado de Wladimir el Grande, fué succesivamente
perdiendo sus fuerzas, pues cada vez se veía mas
y mas subdividida. Acostumbrada á vencer á los Po

loftoftzí y otros pueblos poco temibles para ella , si hubiese estado reunida, no pudo resistir al valor de un Pueblo triunfante y vencedor de casi toda el Asia.

El famoso *Tchinguis-Kan* , hijo de *Isugui* Kan de la Horda ó Tribu de los *Mongulos* ó Mogotos (como nosotros los llamamos) , se habia hecho dueño de todo lo que ahora se conoce báxo el nombre de *Tartaria grande* , de una grande parte de la China, del Indostán y de la Persia, y dos de sus Generales penetraron hasta la Rusia. Los Príncipes de esta nacion, informados por los Poloftzí de la llegada de estos enemigos nuevos, se unieron á estos últimos, y pasaron el Dneper para impedir la entrada á sus enemigos. Despues de una sangrienta batalla, en la que los Rusos perdieron mas de cincuenta mil hombres, y el Príncipe de Kief la vida, entraron los Generales Tártaros sin obstáculo alguno en Rusia, desvastando y destruyendo quanto se les ponia por delante, y en seguida se volvieron á buscar á su Kan, que se hallaba entonces en la *Bucaria*. Por la pérdida que sufrió solo el Principado de Kief en la incursion de los Tártaros en Rusia, que fué de sesenta mil habitantes, se puede considerar el estado deplorable á que estos Bárbaros la dexaron reducida. *Ugaday* ú *Octay,*

E

tay, hijo y succesor de Tchinguis-Kan, envió un Exército de seiscientos mil hombres al mando de *Batu Saguin*, Kan de *Kapchac*, para conquistar los países de los *Baschkiros*, *Búlgaros*, *Tchercasos* y de los Rusos. Los Tártaros entraron en efecto segunda vez en Rusia desolandolo todo: derrotaron diferentes veces á los Rusos: tomaron á Moscof, *Rezan*, *Susdal*, *Torchoc*; y quemaron á Wolodimir, la capital, pereciendo en las llamas todos sus habitantes, y la muger y los hijos de Yury, que fué muerto en un combate; pero los Tártaros, victoriosos y cansados de matar y destruír, se retiraron á su patria quando podian tomar á Nowogorod, de la qual solo distaban veinte leguas.

1238. Yaroslaf II. Príncipe de Nowogorod, apenas supo la repentina retirada de los Tártaros, fué inmediatamente á tomar posesion de los Estados de su hermano Yury, y dexó á su hijo *Alexandro* sobre el trono que él dexaba. Enmedio de las ruinas de Wolodimir, hizo construír otra ciudad nueva, y atraxo á ella los habitantes que andaban esparcidos por los campos. Los Tártaros, que aun no habian salido de Rusia, volvieror á internarse nuevamente en ella, y se hicieron dueños de Pereslawle, de Tchernigof y de Kief, donde entonces

ces

ces reynaba *Mixail*. Los Suecos viendo los progresos de los Tártaros, intentaron imitarlos entrando con un fuerte Exército en Rusia ; pero Alexandro, Príncipe de Nowogorod, instruído de la incursion de los Suecos, fué á su encuentro, y los alcanzó junto al rio *Newa*, en donde los derrotó completamente, y por cuya victoria tomó el sobrenombre de *Nefsky*.

Los Tártaros, dueños arbitrarios de la Rusia, obligaban á los Príncipes que querian conservar sus dominios, á ir á la grande Horda á presentar sus respetos al gran Kan en calidad de vasallos. Yaroslaf, Príncipe de Wolodimir, murió de vuelta de haber hecho este acto de sumision, y su trono fué ocupado en muy corto tiempo por tres Príncipes diferentes, los quales fueron igualmente destronados por los Tártaros, que pusieron en él al Príncipe Andrés, hermano de Alexandro, el qual fué depuesto por dos veces por el gran Kan, que por último puso en su lugar á su hermano Alexandro Nefsky, que se hallaba entonces en la grande Horda.

1152. Alexandro hizo construír de nuevo la ciudad de Wolodimir, arruinada dos veces por los Tártaros, y estableció su residencia en ella. El Kan

Ba-

Batu , que habia subyugado la Rusia y la Hungría, murió poco tiempo despues , y su hermano *Bereké* le succedió como Kan de Kaptchac. Batu se habia contentado con la sumision que los Príncipes Rusos le hacian ; pero el nuevo Kan, inmediatamente que subió al trono , los obligó á todos á pagarle un cierto tributo ; y en cada Principado estableció un Oficial con el nombre de *Bascac* , para cobrar los impuestos. Ciertas discordias acaecidas entre los Tártaros sobre la eleccion de gran Kan, hizo que estos se dividiesen en partidos , y los Rusos creyeron haber encontrado una ocasion favorable para salir de la vil dependencia en la que estos los tenian ; y en efecto , la mayor parte de los Príncipes Rusos se armaron, y se libraron todos en un dia del yugo de los Tártaros , haciendo matar á todos los Oficiales Bascacos. Alexandro , que no habia tenido parte en esta conspiracion , temió , luego que la supo, la venganza de los Tártaros ; y así resolvió ir á la grande Horda á pedir, como lo consiguió , el perdon de los Rusos ; pero de vuelta á sus Estados murió en el camino, habiendo tomado antes de espirar, el Abito de Religioso, con el nombre de *Alecsey*, y la Iglesia Rusa lo cuenta entre sus Santos.

1264. *Yaroslaf III.* succedió á su hermano

Ale-

Alexandro. Hizo la guerra á los Tchudos, que habitaban las dos Provincias que hoy conocemos con el nombre de *Livonia* y *Estonia*, y los obligó á que hiciesen la paz con los Nowogorodianos, con quienes estaban siempre en guerra.

1271. Su hermano *Vasili* ó Basilio le succedio sin obstáculo alguno en su Principado de Wolodimir; pero solo lo conservó cinco años, al cabo de los quales murió en la flor de su edad.

1276. *Dmitri* ó Demetrio I. *Alecxandrowitch*, subió al trono por la muerte de su tio, y al mismo tiempo al de Nowogorod. Su hermano Andrés, zeloso de su fortuna, fué á la grande Horda, en donde dió tan malos informes de su hermano al Kan, que inmediatamente fué depuesto por un Exército Tártaro, que puso en su lugar al ambicioso Andrés, el qual murió poco tiempo despues.

1304. Como Andrés no dexo hermanos ni succesores, diferentes Príncipes se disputaron el trono, que por último subió á él Mixailo II., hijo de Yaroslaf, y sobrino del último Soberano. Jorge, hijo de Daniel, hermano de Andrés, y pretendiente á su trono, fué á la grande Horda, donde gobernaba entonces *Usbec*, Kan de Kaptchac, de cuyo nombre traen su origen los *Usbecos*, que hoy en dia habibitan la *Bucaria* grande y el *Carasm*. Jorge supo grangearse la voluntad de Usbec, del que consiguió una Patente para que Miguél le cediese el trono, que ocupaba por el voto de la nacion. El gran Príncipe, que no quiso obedecer la órden, fué mandado comparecer á la Horda, donde lo sentenciaron á muerte, y pusieron en su lugar al infame Jorge.

En el corto tiempo de siete años, quatro Príncipes llamados *Jorge*, *Dmitri*, *Alexandro* é *Iwan*, ocuparon consecutivamente el trono principal de la Rusia, y todos fueron destronados por los mismos Tártaros, que los habian puesto en él. Iwan, hermano de Jorge, estableció su residencia en Moscof ó *Moskva*, como la llaman los Rusos, y engrandeció mucho esta ciudad, la qual se ha ido despues succesivamente aumentando, y es ahora la ciudad mas grande que hay en la Europa, pues tiene cerca de diez leguas en contorno.

1341. *Semen* ó Simon, hijo de Iwan, succedió á su padre en el trono de Moscof, que desde ahora deberá ser mirado como el principal. Hizo la guerra á los Nowogorodianos, y murió con toda su familia, de resultas de la peste que hubo en Rusia en 1352.

Su

1353. Su hermano *Iwan Iwanowitch* fué confirmado Soberano por el Kan *Dyanibec*. Los Tártaros sufrieron despues de la muerte del Kan Batu, los mismos males que obligaron á los Rusos á verse tributarios suyos. Las divisiones intestinas, y las disputas sobre la succesion á Gran Kan, los dividió en diferentes partidos, todos enemigos unos de otros; á cuya desunion debieron los Rusos despues su libertad. Desde entonces, en lugar de un solo Kan de la grande Horda, se vieron Kanes *del Volga*, de *Kazan*, de *Astracan*, de *Crimea*, de *Narutschad*, y del lado de allá del *Yaic*. Todos ellos se hacian mutuamente la guerra; pero conservaban siempre la misma soberanía sobre la Rusia, y ponian arbitrariamente sobre el trono de esta nacion, al Príncipe que mas bien sabía grangearles la voluntad. Hácía ya mas de dos siglos que la Rusia gemia báxo el yugo de los Tártaros, sin que ningun Príncipe Ruso hubiese podido desprenderse de él; hasta que los Tártaros, divididos entre sí en diferentes Hordas ó Tribus, que mutuamente se destruían unas á otras, fueron los que contribuyeron á que los Rusos cobrasen su antigua libertad.

1462. Esta empresa estaba reservada á *Iwan III. Wasiliewitch*, que subió al trono por muerte

de

de su padre *Wasili III.*, el qual estendió sus dominios mas que ninguno de sus antecesores. Los Nowogorodianos, que habian estado algun tiempo báxo
la proteccion de la Polonia, intentaron entregarse
á esta Potencia ; pero fueron antes sometidos por
el gran Príncipe, y sujetados á su dominacion. El
reyno de Kazan, que dominaba la Rusia oriental,
causaba bastante inquietud á Iwan, y así envió
un poderoso Exército contra la ciudad de Kazán,
que obligó á su Kan á declararse vasallo y tributario suyo.

Otro suceso mas felíz acabó de hacer ver á los
Rusos, que no debian estar ya sujetos á los Estrangeros. *Agmet*, Kan de la Horda dorada, envió ciertos Diputados á Iwan, con un *basma* ú órden se-
llada, para obligarle á pagar el mismo tributo que
sus antecesores ; pero el gran Príncipe hizo pedazos dicha órden, y mandó dar muerte á los Diputados Tártaros. Informado el Kan del desprecio
y atentado de Iwan, marchó contra él con tóda
su Horda ; pero fué por dos veces enteramente derrotado por los Rusos, en las orillas del *Oka* ; y la
Horda fué saqueada y destruída por los Soldados de
Iwan y por los Tártaros *Nowais*, que contribuyeron mucho á la victoria del Príncipe Ruso, en la que

mu-

murió el Kan Agmet, y con él terminó la Horda dorada fundada por *Batu-Saguin* en 1237, la qual habia tenido á la Rusia cerca de dos siglos en los hierros, en cuyo tiempo fué este país enteramente asolado por sus bárbaros opresores. Iwan, en los últimos años de su reynado, quiso estender su dominacion hasta los pueblos que habitaban la larga del mar Helado, y mandó hacer una expedicion contra los *Vogulos*, *Ostiacos* &c. y los Rusos penetraron por la primera vez en la *Siberia*, atravesando los montes *Yugoricos*, que la sirven de limites hácia poniente.

Desde que la Rusia sacudió el yugo que la habia oprimido tanto tiempo, se atraxo la consideracion de toda la Europa, y entonces se vieron por la primera vez en Moscof Embaxadores del Emperador de Alemania, del Papa, del Sultan de Constantinopla, de los Reyes de Polonia, de Dinamarca y Suecia, y de la República de Venecia, con cuyos Príncipes concluyó Iwan tratados de alianza. Este Príncipe, no contento con haber librado á su patria de la esclavitud en que gemia, ni con engrandecer sus dominios, quiso tambien ver florecer las artes y las ciencias en ellas. Iwan murió de edad de 66 años, habiendo reynado 33, y dexó

F   nom-

nombrado por su succesor á su hijo Wasili.

1505. El nuevo Soberano Wasili IV. Iwano-witch tuvo que armarse por dos veces contra *Magmet Amin*, que su padre habia puesto por Kan de Kazán, el qual se habia sublevado. Tambien tuvo que declarar la guerra á la Polonia, contra quien fué mas dichoso que contra Kazán.

1534. Wasili dexó nombrado por succesor suyo á su hijo *Iwan IV. Wasiliewitch*, primer *Tzár* de la Rusia. Tomó á Kazán, que se habia vuelto á levantar, reuniendolo á su dominacion, y despues conquistó el reyno de *Astracan*. El Kan de Crimea le declaró la guerra, y poco despues hicieron lo mismo la Suecia y la Polonia; pero la Rusia estaba ya demasiado fuerte y reunida para temer los insultos de todos estos enemigos, de los quales se vió triunfante casi siempre. Toda la gloria que este Príncipe adquirió por sus hazañas y por el deseo de esclarecer su pueblo, fué despues obscurecida con las atroces crueldades que exerció con hombres y mugeres de todas clases, y aun con los mismos Eclesiásticos, dando él mismo la muerte á su desgraciado hijo; por cuyas inhumanidades adquirió el bien merecido sobrenombre de *Cruel*. En los últimos años de su reynado se empezó la conquis-

ta

ta de la Siberia, que es un país casi tan grande ó mas que toda la Europa.

1584. Por disposicion del último Soberano (y segun la costumbre que desde que salieron los Rusos del yugo de los Tártaros, habia hecho el trono hereditario) subió á él *Teodor*, hijo del Tzar Iwan. Este Príncipe, enfermo y de pocas luces, se creyó incapaz de reynar, y en su nombre gobernó el hermano de su esposa *Boris Gudunof*, descendiente de un *Murza* Tártaro llamado *Tchet*, que habia entrado al servicio de la Rusia á principios del siglo catorce. Este hombre astuto y ambicioso resolvió, luego que se vió al frente del gobierno, asegurarselo para siempre, lo que consiguió al cabo con sus estratagemas, y mandando asesinar á Dmitri, hijo de Teodor, y á todos los Grandes que le parecieron podrian oponerse á sus ambiciosas miras, las quales se vieron en efecto cumplidas con la muerte de Teodor, que fué en 7 de Enero de 1598; y con él se acabó la serie de los Príncipes de Ruric, que ocuparon el trono Ruso por espacio de ocho siglos.

1598. *Boris Teodorowitch Gudunof*, que habia sabido ganar la principal Nobleza y el pueblo, fué proclamado Tzar sin obstáculo alguno. Pocos años despues se esparció una voz en Moscof, de

que

que el hijo del último Soberano vivia y se hallaba en Polonia. Este rumor fué cierto; pues un jóven llamado *Yaschco* ó Santiago *Otrepief*, que habia sido Frayle, y que tenia alguna semejanza
con el infelíz Demetrio, se pasó á Polonia, en donde hizo creer, que él era aquel mismo Dmitri
que Boris habia mandado asesinar; pero que un
raro acaso le habia librado la vida, y que lo habian tenido escondido algunos Bóyaros afectos á
su Padre. El falso Dmitri se formó un poderoso
partido en Polonia, y consiguió algunas tropas
para ir á sostener su impostura á Rusia. En este
mismo tiempo los Cosacos del Don, descontentos
y oprimidos por Boris, enviaron un Emisario á
Dmitri, reconociendolo por hijo de Teodor, y ofre-
ciendole sus fuerzas contra el usurpador del trono de su Padre. Dmitri entró en Rusia con su
Exército sometiendo varias Ciudades; y el Tzar
sorprehendido con esta novedad, murió poco despues envenenado, segun se cree.

1605. Su hijo Teodor fué solemnemente proclamado Tzar; pero su corta edad lo hacía incapaz de reynar en medio de las discordias en que
la Rusia se hallaba entonces. Diferentes Provincias
habian ya reconocido al falso Dmitri, el qual llegó

gó hasta Moscof, donde asesinó al Tzar Teodor y á su Madre, y vió sus miras satisfechas.

1605. *Otrepief* fué proclamado Tzar con el nombre de *Dmitri Iwanowitch*; pero sin embargo de que la mayor parte de la nacion lo habia reconocido, se formó un fuerte partido protegido por el Príncipe *Schuiski*, que lo declaró impostor, y consiguieron quitarle la vida al cabo de varias tentativas.

1606. El mismo Príncipe *Iwan Petrowitch Schuiski*, que acababa de dar muerte al falso Dmitri, fué luego nombrado Tzar por la nacion. Era descendiente de Ruric, y el Xefe de su Casa habia sido Andrés, hijo de Yaroslaf, y hermano de Alexandro Nefski. Otros Demetrios comparecieron é inquietaron al nuevo Soberano, el qual fué poco despues igualmente destronado por el pueblo.

1610. Con la muerte de Schuiski quedó la Rusia sin Soberano, y los Bóyaros tomaron las riendas del gobierno. El Rey de Polonia, que estaba en guerra con los Rusos, tomó diferentes Provincias y penetró hasta Moscof, en donde hizo reconocer por Tzar á su hijo *Uladislaf*; pero protegidos los Rusos por el Rey de Suecia, consiguieron echar á los Polacos de Moscof.

1613.

1613. Los Bóyaros y todo el pueblo se juntaron para nombrar un Soberano, y la mayor parte de los votos fué á favor de *Mixail Teodorowitch Yuries*, conocido por los Estrangeros con el nombre de *Miguél Romanof*, nieto de *Nikite Romanowitch Yuries*, hermano de *Anastasia Romanofna*, primera esposa del Tzar Iwan el Cruel. Estos eran, segun dicen, descendientes de un Príncipe Prusiano llamado Andrés, que á mediados del siglo catorce fué á Rusia, donde sirvió y adquirió muchos honores. La Casa hoy dia reynante en Rusia desciende de la de Romanof. El jóven Miguél tuvo que sostener la guerra contra la Suecia y la Polonia, y los Cosacos del Don, sublevados y animados por esta última Potencia, asolaron la Rusia. Miguél, despues de un reynado de 32 años, murió habiendo hecho la paz con la Polonia.

1645. La misma noche que murió el Tzar, su hijo *Alecsey* ó Alexo, fué proclamado Soberano de la Rusia á los 16 años de edad. Reconquistó de la Polonia, la *Rusia menor*, la *Ucrania*, y una parte de la *Lituania*; y de la Suecia, casi toda la *Livonia*.

Un Cosaco del Don llamado *Stenca Razin*, sublevó á sus compatriotas, y puso en bastante inquiequietud al Tzar, el qual tuvo que enviar tropas contra el rebelde, que al cabo de diferentes convates, en los que los Rusos perdieron bastante gente, consiguieron sujetarlo, y fué desquartizado en Moscof. Alexo murió á los 48 años de edad, habiendo reynado 31, en cuyo tiempo procuró esclarecer y hacer felices á sus vasallos en el comercio, en las artes y en la legislacion.

1676. *Teodor Aecseyewitch*, hijo mayor de Alexo, proclamado Tzar á la muerte de su Padre, hizo la guerra á los Turcos, sobre los que consiguió muchas ventajas y adquisiciones. Los Kozacos *Zaporavianos* se sometieron entonces á la Rusia.

1682. Teodor murió sin hijos, y la Corona pasó á su hermano mayor Iwan, Príncipe enfermo y de pocas luces, y por consiguiente incapaz de reynar. Los Streltzí (Milicia establecida por el Tzar Iwan el Cruel) se sublevaron y obligaron á Iwan á partir el trono con su hermano *Peter* ó Pedro, jóven aún de pocos años para poder llevar el peso del gobierno, que fué confiado á la Princesa Sofia su hermana, la qual intentó hacerse dueña del trono, para cuyo efecto hizo levantar á los Streltzí; pero Pedro supo apaciguarlos, é instruído del proyecto de su hermana, la hizo

en-

encerrar en un Convento. El Príncipe Iwan cedió poco despues voluntariamente á su hermano la Soberanía , y desde entonces reynó con el nombre de Pedro I., y el sobrenombre de *Grande*. La primera guerra que sostuvo fué contra los Turcos, y les tomó la ciudad de Azof. De vuelta á Moscof resolvió hacer un viage por la Europa , de cuya determinacion dió parte á los Bóyaros , y partió dexando las riendas del gobierno en manos del Boyarin *Strecknef* , y del Príncipe *Romodanofsky* , los quales debian consultar los negocios importantes con los principales Bóyaros. El Tzar dirigió su viage á Holanda , en donde aprendió y ayudó á construir un navío que envió despues á Arcangel : de allí pasó á Inglaterra, donde exâminó todas las fábricas y tomó á su servicio, y mandó á Rusia muchos artistas Ingleses. Volvió á pasar á Alemania , y estando en Viena disponiendo su viage para Italia, tuvo la noticia de haberse nuevamente sublevado los Streltzí, é inmediatamente partió á Moscof, donde halló ya apaciguado el tumulto. En el camino tuvo una conferencia con el Rey de Polonia, y estos dos Monarcas hicieron una mutua alianza contra la Suecia , que desde algunos siglos era el enemigo mas

te-

temible de la Rusia. La guerra se declaró á poco,
y las hostilidades empezaron con el sitio de *Narwa*,
pero los Rusos fueron derrotados por Carlos XII.
El Tzar hizo juntar nuevas tropas , y con ellas
empezó á hacer conquistas tomando á *Schlüsselbur-*
go y *Nienchantz* , en donde puso los primeros cimientos de la ciudad de *Petersburgo*: se hizo dueño de *Dorpat* , de Narwa y de toda la Curlandia,
y venció á Carlos XII. en la famosa batalla de *Pol-*
tawa , obligandole á refugiarse á Turquía , en donde supo animar á los Turcos contra Pedro I. que
le declararon la guerra. Antes de partir contra los
Otomanos , Pedro hizo declarar y reconocer por
esposa suya á una jóven obscura y desconocida, que
habia hecho prisionera en Mariemburgo, de la qual
se habia enamorado, y estaba secretamente casado
con ella desde 1707 , de cuya union clandestina tenia
ya dos hijas , las Princesas Ana é Isabel. Acabada
esta ceremonia marchó con su nueva esposa á ponerse á la frente de sus tropas , cuyas primeras operaciones fueron dichosas ; pero á poco se vió rodeado por el Exército del Gran-Vizir , junto al rio
Pruth , y reducido á morir de hambre , ó recibir
la esclavitud de los Turcos. La resolucion de Catalina su esposa lo sacó de este riesgo , pues en-

vió

vió un Emisario al Vizir con proposiciones de paz, que fueron admitidas, y se concluyó allí mismo á satisfaccion de los Rusos. Pedro volvió á sus Estados, y su primera diligencia fué ir á Petersburgo á concluir diferentes trabajos y edificios que tenia levantados, y hizo de esta ciudad la verdadera Capital del Imperio, llevando á ella el Senado, que un año antes habia establecido en Moscof. Sus Generales continuaban haciendo progresos por tierra contra los Suecos, y llegaron cerca de Stockholmo. Pedro, que habia ya formado una armada bastante considerable de navíos de linea y galeras, se determinó á atacar con ella á la armada Sueca mucho mas superior en fuerzas, y tuvo la dicha de vencer él mismo al famoso Contra-Almirante Sueco *Ernschild*, y destruir enteramente al enemigo. Victorioso por mar y tierra entró triunfante en Petersburgo, donde á poco resolvió hacer un segundo viage por la Europa. Pedro I. tenia un hijo, llamado Alexo, de su primera esposa *Ewdokia*, que habia repudiado, y estaba encerrada en un Convento. Ocupado casi siempre con sus viages ó con las guerras que emprehendió, no cuidó de la educacion de su hijo, que la confió á algunos Eclesiásticos, los quales procuraron inspirarle

una

una grande adesion á los usos antiguos, y una aversion no menos grande á los Estrangeros, que su padre favorecia, por lo qual no era muy afecto á él. Estando Pedro I. la segunda vez en Amsterdam, supo la evasion de su hijo, que, aconsejado por sus Preceptores, habia ido á Viena á ponerse báxo la proteccion del Emperador de Alemania, y desde allí se fué á Nápoles donde lo alcanzaron dos Diputados de su padre, que le entregaron una carta del Tzar, en la que lo exôrtaba á que volviese á Rusia, y asegurandole que lo perdonaría. El infeliz Tzarewitch condescendió en volver á su patria, en donde en lugar de hallar un padre clemente, que habia ofrecido perdonar sus yerros, halló un Juez severo que inmediatamente lo desheredó, y obligandolo á que se declárase reo, le hizo hacer su proceso sentenciandolo á muerte, sin embargo de que todo el delito de este Príncipe consistia en haber tenido algunas imprudencias é indiscreciones con un padre á quien nunca le habia debido el menor cariño. Alexo, pocos dias despues de haberle leído su terrible sentencia, murió de resultas de una apoplegía, y no decapitado, como varios Autores han publicado: sin embargo, no se puede disimular que su muerte fué violenta, ni dexar de

acu-

acusar en parte á su Padre de ella.

Despues de una guerra dispendiosa y sangrienta con la Suecia, que duraba hacía ya mas de 20 años, Pedro I. hizo la paz, que se firmó en Neustadt en 1721, báxo las condiciones que él puso. La Rusia conservó la Livonia, la Estonia, la Ingria, y una parte de la Carelía y de la Finlandia, como tambien las Islas de Dagoe, de Esel, de Moen y otras en el mar Báltico. Poco tiempo despues hizo coronar solemnemente á su esposa Catalina con la mira, segun dicen, de que pudiese sucederle algun dia en su trono. Pedro padecia de una retencion de orina, de cuya enfermedad murió el 8 de Febrero de 1725, de edad de 52 años, y al cabo de un reynado de 43.

Este Príncipe está unánimemente reconocido por el Soberano mas grande que ha tenido la Rusia: su gloria no está fundada solamente en haber engrandecido sus dominios con la conquista de la Livonia, de la Estonia y de la Finlandia, pues esto ha sido comun á muchos Soberanos, sino en haber sido el reformador, ó como otros dicen, el creador de su nacion: él introduxo en Rusia el arte Militar, para el qual los Rusos son propios por su docilidad y vigor: se inició en todas las ciencias úti-

útiles para las necesidades y felicidad de esta vida:
dió una nueva forma á todo el Cuerpo del Estado ; y él ha sido por último el que puso los cimientos de la grandeza , del poder , y de la consideracion que ha llegado á adquirir el Imperio de
la Rusia ; cuyo actual estado vamos á describir.
Por lo que toca á los reynados posteriores al de Pedro I. , referirémos lo mas esencial de ellos en la
continuacion de esta Obra , quando se trate de la
succesion al trono.

ESTADO ACTUAL DE LA RUSIA.

1.°

De su situacion, de su extension, de sus límites &c. &c.

EL Imperio Ruso se estiende desde los 40 hasta los 225 grados de longitud, y desde los 48 hasta los 75 de latitud.

Contando desde la parte occidental de la isla de *Dagoe* en el mar Báltico, hasta la punta de los *Tchukthi*, y desde las fronteras de la Turquía, de la Persia y de la China, hasta las costas mas septentrionales de la Laponia, de la *Nueva-Zemlé* (1),

y

(1) La *Novaya-Zemlia*, que significa Tierra-Nueva, es una grande isla del Mar helado, que segun el nuevo Mapa de la Rusia, se estiende desde los 69 grados de latitud, hasta los 75. Está enteramente desierta é infértil, y los Rusos van solo á la caza de animales. Desde el mes de Noviembre hasta la mitad de Enero es siempre noche en esta isla, y la obscuridad no está interrumpida sino por una claridad muy débil, que aparece á eso del mediodia.

y de la Siberia, se halla que contiene cerca de 525ʮ leguas en quadro, de las quales se cuentan 6oʮ en la Rusia Européa.

Ni el Imperio Romano, ni el de Alexandro Magno, cuya grande extension nos refiere la historia, pueden en esta parte compararse al de la Rusia. No ha habido jamas un Imperio tan vasto como éste, pues comprehende casi la quinta parte de las tierras conocidas del globo.

Una gran parte de la Rusia se halla situada tan ácia el norte, que puede considerarse cómo casi inhabitable. Sin embargo, tiene éste Imperio una ventaja que pocos Estados logran, y es, que sus provincias estan unidas unas á otras con tan perfecta contigüedad, que ninguna potencia posee país alguno intermedio que rompa esta cadena. Y así saliendo de la isla de Dagoe á los 40 grados de longitud, y caminando siempre hasta el Archipiélago mas Oriental, nuevamente descubierto por los Rusos entre el Asia y la América, cuyas últimas islas se hallan situadas mas allá de los 225 grados, se atraviesa mas de un diámetro de la tierra, sin salir del territorio Ruso.

Los confines de la Rusia son: al mediodia la China, la Tartaria grande, la Persia, el mar Caspio

pio y el de Azof : al occidente, la Polonia, el mar Báltico y la Suecia : al norte el mar septentrional ó mar helado, y al oriente el occéano oriental.

2.º

De la division.

LA Rusia se divide en dos partes, Asiática y Européa, ó en sus límites antiguos, y los países que posteriormente ha conquistado.

La Rusia propiamente tal, comprehende la Rusia grande, la Rusia menor y la Rusia blanca.

Los países conquistados en la Europa son : la Ingria, la Estonia, la Livonia, la Lituania y una parte de la Finlandia.

En el Asia : los reynos de Kazán, de Astracán, de Siberia y de Oremburgo.

El Principado de Jeorgia, que es el paso para el Imperio Turco, y la Crimea situada en el mar Negro, las ha sujetado poco tiempo há la Emperatriz reynante á su dominacion.

Pedro el Grande dividió primeramente su Imperio en ocho Gobiernos, luego en nueve, y finalmente en diez. La Emperatriz actual Catalina II., en vista de lo mucho que las conquistas habian

en-

engrandecido su Imperio, lo dividió últimamente en veinte y ocho Gobiernos, es á saber:

El de la Rusia grande tiene los de *Moscof*, *Kaluga*, *Twér*, *Arcangel*, *Azof*, *Yaroslaf*, *Tula*, *Nowogorod*, *Nischney* ó baxa, *Nowogorod* y *Woronesch*.

El de la Rusia menor, *la Rusia pequeña*, *la Rusia nueva*, *la Ucrania Slavodica*, *Kief* y *Belgorod*.

El de la Rusia blanca, *Mohilof*, *Polotsk* (1), *Pleskof* y *Smolensko*.

San Petersburgo tiene los de *Reval*, *Riga* y *Viburgo*.

El del Asia septentrional, *Kazan*, *Astracan*, *Oremburgo*, *Tobolsk* y *Irkutsky*.

Todos estos Gobiernos estan asimismo divididos en provincias y distritos, y son todos parte del gran Cuerpo del Estado, sin que ninguno esté desprendido de él, como en otros reynos. Las provincias que la Rusia ha conquistado de la Suecia, disfrutan solo de ciertos privilegios, que estipularon quando se sometieron á ella.

Del

---

(1) Las provincias que hoy componen los dos Gobiernos de Mohilof y Polotsk, son las que le cupieron á la Rusia en la reparticion de la Polonia en 1773.

H

3.º

Del Clima.

Siendo tan vasta como hemos visto la extension de este Imperio, debe, por consiguiente, ser tambien muy grande la variedad de sus temperamentos. Es preciso que haya unos países sumamente frios, otros templados y otros excesivamente calientes. Las tierras, que báxo cierta latitud tienen en otras partes un moderado temple, estan aquí báxo la misma latitud expuestas á un frio riguroso; y esto es causa de que no se pueda fixar nada en general sobre el clima de la Rusia, pues lo que por una parte fuera verdad, sería falso por otra.

Es observacion comun, que las tierras situadas mas ácia el oriente, son mucho mas frias que las de ácia poniente, sin embargo de tener una misma elevacion; lo qual se confirma enteramente en Rusia; y la razon puede ser, porque los países orientales de Europa y Asia estan mas retirados del mar, que no los de poniente.

En las provincias del centro y del norte del Imperio, es el frio en el invierno sumamente ri-

gu-

guroso, y los dias muy cortos; pero el verano es tanto mas agradable y caloroso, y el crepúsculo es muy vivo y permanente. Quando hacen los dias cortos, el Sol

	Sale			Se pone	
	hor.	min.		hor.	min.
En Astracán á las....	7	48.	á las...	4	12.
Kief..................	8	7.	......	3	53.
Moscof.............	8	37.	......	3	23.
Riga.................	8	47.	......	3	13.
Tobolsk............	8	56.	......	3	4.
Petersburgo........	9	15.	......	2	45.
Arcangel...........	10	24.	......	1	36.

Pero haciendo los dias largos, se deben tomar los números arriba indicados á la inversa, pues en Astracan sale entonces el Sol á las 4 horas, 12 minutos, que era quando se ponia en el invierno, y se pone á las 7 horas, 48 minutos, á cuya hora salia antes, y de esta misma manera en los demas parages. Quando el Sol señala en Riga el medio dia, ya se ha empezado otro nuevo dia en las islas de los Zorros, en el nuevo Archipiélago.

H 2   De

4.º

De la fertilidad, minas, mares, lagos y rios.

LA gran diversidad del clima hace que la tierra sea mas ó menos fértil, segun la influencia de la atmósfera, como se experimenta en todo el globo.

La naturaleza ha sido en general en Rusia, muy liberal en la distribucion de sus dones. La mayor parte de sus provincias son muy abundantes en toda especie de granos, pues hasta en el terreno de *Mezen*, vecino al Círculo Polar Arctico, se cogen unas abundantes cosechas de cebada, que sirven para sustento de las yeguadas establecidas en aquellos contornos.

La Ucrania es una de las provincias mas abundantes en producciones de la primera necesidad, y es tanto el ganado que se cria en ella, que esta sola provincia vende mas de 10y bueyes al año.

La ternera de Arcangel es muy notable por su tamaño, pues algunas pesan 500 libras, y es tambien muy estimada por la delicadeza de su carne.

En general los ganados de estas dos provincias, pueden compararse con los mejores de Europa.

Los

Los Gobiernos de Livonia, de Pleskof, de Smolensko, de Ucrania, de Moscof, de Belgorod, de la grande y la baxa Nowogorod, de Worohesch y de Kazan, son los graneros del Imperio. Despues de sacar de estas tierras tan fértiles una abundante subsistencia; despues de todos los granos que consumen las fábricas de cerbeza, y despues de haber sacado la gran cantidad de aguardiente, del que hace el pueblo un excesivo abuso; ceden los Rusos lo restante de estas abundantes cosechas á la Suecia, á la Inglaterra y á la Holanda. El consumo de aguardiente de grano, lo han evaluado en Rusia anualmente en 9,750µ arrobas.

Las cosechas de aceyte y cáñamo son tambien de mucha consideracion, porque despues del aceyte que el pueblo consume en sus diferentes Quaresmas, y de abastecer de cáñamo la marina y las fábricas de lienzo, queda aún una grande cantidad de ambos géneros para vender al Estrangero. Uno de los artículos mas importantes de la Rusia, es el sebo que saca de varias de sus provincias, pero en particular de Oremburgo. Cada año se extrae por cerca de un millon de rublos de sebo, y de Petersburgo envian velas de él ya fabricadas á diferentes partes de Alemania.

Ade-

Ademas de los animales domesticados que se hallan en Rusia, y que son los mismos que en lo demas de la Europa, hay tambien diferentes animales silvestres propios del país, como son los Alces, Renos, Lobos, Osos, una grande cantidad de Martas, de Zobols (1) ó Zibelinas, Arminios, Zorras de diferentes colores, &c. &c. Tambien hay una especie de Liebres, que llaman Volantes, á causa de la rapidéz con que corren : se sostienen sobre los pies, y cada brinco que dan es de 30 pies lo menos, y con tanta celeridad, que parece van por el ayre, pues casi no se las ve fixar en tierra : mudan de color como otros animales : en el invier-

_____

(1) Las pieles de Zorro negro y las Zibelinas, son las mas estimadas en Rusia : hay pellizas compuestas con solo las puntas de las colas de estos últimos animales, que es lo mas negro que tienen en el cuerpo, y cuestan 30 y 500 rublos, á proporcion de su negrura. El comercio que hace la Corona de estas pieles, es muy considerable y productivo. La Emperatriz regala muchas pellizas de estas á sus Generales, y á los Ministros Estrangeros: últimamente, en el año de 1790 hizo esta Soberana un regalo de esta naturaleza, apreciado en 120 rublos, al Ministro de España en aquella Corte, por haber contribuído á la negociacion de la última paz entre la Rusia y la Suecia.

vierno se vuelven enteramente blancas, de modo,
que á los Cazadores les cuesta mucho trabajo dis-
tinguirlas entre la nieve.

Diferentes provincias producen muchos Caballos
sumamente ligeros é infatigables, los que requieren muy poco cuidado, y estan sujetos á pocas enfermedades. Varios Señores han echado en sús
tierras yeguadas de diferentes castas, que han pro-
ducido algunas nuevas y desconocidas hasta ahora
de los Rusos.

El mas pequeño de los animales, llamado *So-
rex Minutus*, existe en la Siberia; quando se estiende no tiene mas de 2 pulgadas de largo, y pesa-
do vivo no llega á 2 escrúpulos ó 40 granos.

En esta misma provincia se cria una especie de
animal, que tiene á un mismo tiempo parte de
Oveja, de Cabra, de Gamo y de Camello silvestre.
Los Rusos le llaman *Stepennoi Baran*, (carnero de
desierto ó silvestre), y los Antiguos le daban el
nombre de *Musimon*. No tiene lana, sino pelo como los Corzos: de este pelo, que es bueno para hacer camelotes y otras telás, se podria hacer un
comercio muy considerable, extrayendo esta ma-
teria en rama: los cuernos de este animal son tan
sumamente grandes, que les cubre todo el lomo,

y

y tan gruesos, que una Zorra podia caber dentro de uno de ellos: su peso es regularmente de 40 á 60 libras.

Ademas de los millares de enjambres de Abejas, que aquí se hallan, y de los que sacan una cantidad crecidísima de cera, abunda tambien la Rusia mucho en pájaros y caza, y el precio de ésta, particularmente en el invierno, es sumamente báxo.

Los rios producen muchísima pesca, y en el Volga y en el Don con especialidad se pesca el *Beluga*, que es el pescado de rio mas grande que se conoce. Se han sacado algunos de 50 pies de largo, sobre 18 de ancho; su carne, que es de las mas sabrosas, la salan y ahuman, y los Estrangeros la extraen, como tambien una grande cantidad de *Ikrá* ó *Caviar* (1) que sacan de él, y traen particularmente á España é Italia. En el Volga se ocupan mas de un millon de hombres entre Pescadores y demas trabajadores.

Tambien llevan á Petersburgo un pescado llamado *Esterleda*, que lo venden á un precio excesivo; es á modo del Sollo, pero tiene mucho mejor

jor

_____

(1) Huevos de pescado ahumados y salados.

jor gusto que éste : cuesta un pescado de estos algunas veces 200 y 300 rublos , y es tan grande el fanatismo que tienen en aquella Capital por la Esterleda , que en ciertas ocasiones la pagan á peso de oro ; y así en un bayle de Máscara , que dió el Príncipe de *Potemkin* á la Emperatriz y Nobleza en 1790 , gastó solo en platos de este pescado, cerca de 10y rublos.

En las provincias meridionales de la Rusia hay muchísimos bosques casi todos de Alamos blancos y Fresnos. En la parte septentrional no crecen tanto , y solo se encuentran por lo comun Arbustos y Breñas. Las Encinas y Robles del Gobierno de Kazan estan reservadas para la construccion de Baxeles.

Los plantíos de Viñas prueban muy bien en el territorio de Astracan , pero el vino que sacan no se conserva mucho tiempo , ya provenga esto de la cultura , de la preparacion ó del terreno. Algunos ensayos nuevamente hechos en el distrito de Voronesch , prometen mejor éxito. En Astracan se cultivan Melones y Sandias de buena calidad, que llevan á vender en abundancia á Petersburgo , pero no son comparables con los que producen nuestras provincias situadas en la costa del Mediterráneo.

I   Las

Las provincias del centro del Imperio abundan mucho en ciertas especies de frutas no conocidas en los demas países de Europa , y estas son :

La *Nalivne* , especie de manzana muy dulce y jugosa , quando está madura es tan sumamente trasparente , que á la luz se le pueden contar todas las pepitas que tiene dentro.

El *Arbust* , especie de Melon redondo , de color de un verde obscuro , y del tamaño de una Calabaza grande , cuya carne se deshace en la boca, refresca mucho , y tiene muy buen sabor ; las pepitas no las tiene todas juntas , sino esparcidas á trechos en toda la carne próxlma á la cáscara.

La *Kliucva* , especie de frutilla poco mayor que la Ubaspina , de color encarnado obscuro , es sumamente agria , y no se puede comer hasta que no haya nevado sobre ella , es un anti-escorbútico muy bueno.

La *Castenika* , otra especie de frutilla muy agria y semejante al Kliucva.

La *Maroschka* , otra especie de frutilla muy semejante á la Zarzamora , es tambien un específico contra el escorbuto ; su hoja es un poco mayor que la del Box.

En la Finlandia y en la Ucrania hay varios

plan-

plantíos de Tabaco, del que se hace una grande extraccion todos los años. Los desiertos de esta última provincia abundan mucho de la especie de yerva, que llaman *Poliganum minus*. A fines de Junio arrancan su raiz, toda cubierta de gusanos, que tienen la forma oval, y que se endurecen inmediatamente que les da el ayre: el agua, en la que los disuelven con un poco de Alumbre, toma el color de un hermoso carmesí; ésta la compran los Mercaderes de la Rusia grande en cantidad, y llevan á vender á su tierra, en donde las mugeres se sirven de ella para pintarse la cara. Los Judíos de Polonia y los Armenios la venden á los Turcos, que la emplean en teñir sus pañuelos, sus sedas, marroquíes, las colas y clines de sus caballos, sus propios cabellos, las barbas y uñas. A estos gusanos les han dado el nombre de *Cocus Polonorum*, y los Rusos los llaman *Tchervetz*. De las pruebas que se han hecho en Moscof, ha resultado, que una libra de estos gusanos, que solo cuesta un rublo, da tanto color como media libra de Cochinilla, y puede que llegasen á no necesitan mas que una igual cantidad de Tchervetz á la de Cochinilla, si hicieran lo que con ésta, que es labar con mucho cuidado su grasa.

Otra planta muy particular por su amargura y por lo saludable que es (que tambien se cria en estos contornos), es el *Calamus arromaticus*, que los Rusos llaman *Ir.* Los Tártaros se sirven de ella para destilar el Aguardiente, y la conservan como un específico maravilloso para restablecer las fuerzas.

Nada prueba mejor la fertilidad de la Rusia, como la grande extraccion que anualmente se hace en sus puertos de cáñamo, lino, trigo, y otras producciones, de que hablaremos en el Capítulo del Comercio.

No obstante de esto, quedan aun muchísimas comarcas incultas, particularmente en la Siberia, en el Gobierno de Kazan, en el de Astracah, y en toda la orilla del Don, y no fuera exâgeracion si se afirmára que no se cultiva la vigésima parte de las tierras que son susceptibles de cultura. Una de las principales causas de donde esto proviene, es la esclavitud en que se halla el Labrador, pues sus personas y bienes pertenecen á la Nobleza; de suerte, que como no trabajan sino para el provecho de sus Amos, no ponen en sus trabajos la décima parte de la atencion que pondrian, si gozáran del fruto de sus tareas. La pobreza en que gimen estos infelices, les impide el que puedan pro-

cu-

curarse por dinero los útiles necesarios para la Agricultura, que fabricados por ellos mismos, son por consiguiente todos mal hechos y de poca duración. Esto, y el no tener ganados suficientes para estercolar las tierras, es causa de que la Agricultura esté en bastante decadencia, y el Labrador miserable.

Hablando de las producciones de la Rusia, parece necesario citar aquí sus Minas. Estas se hallan en las provincias Asiáticas, contienen no solamente hierro y cobre, sino es que algunas producen bastante oro y plata. Los Imanes de estos países, son de un tamaño extraordinario, y hay montes enteros de Imán. Los Topacios, las Agatas, las Cornalinas y el Jaspe, abundan mucho en estos mismos contornos. Ademas de la Sal que produce el mar y los manantiales, hay tambien Sal *fosil* en las montañas. Algunas provincias abundan mucho en Azufre, Alumbre y Salitre. La Ucrania produce una cantidad tan grande de este último mineral, tan útil para la Medicina, como usual en la guerra, que podria proveer á toda la Europa de él.

Si la industria y el trabajo fueran en Rusia proporcionados á la fertilidad del terreno, hubieran

ran descubierto un nuevo manantial de riqueza, fomentando la Cochinilla en las orillas del Don.

De las del *Ob*, del *Yenisey*, del *Lena*, del *Irtisch*, y de otros rios, sacan la especie de fosil, que llaman *Cuernos de Mammont*. Hay algunos de estos, que pesan de 200 hasta 250 libras, y tienen mas de tres varas de largo: segun la observacion de algunos Naturalistas estos son huesos ó colmillos de Elefante, y en esta inteligencia los trabajan en Rusia. En qué tiempo, y en qué ocasion estos huesos y colmillos de Elefante han ido á estos parages del norte, y se han ido poco á poco cubriendo de tierra; es una cosa que maravilla, y no se sabria determinar nada sobre ella.

También se saca de los montes mucho Amianto, especie de piedra que se hila, y de la que se hace el lienzo que se limpia al fuego.

Las provincias Europeas son todas llanas, y solo se observan en ellas los montes Valdaicos. En la parte Asiática, por el contrario hay muchas montañas, y las mas famosas son las que se estienden desde el Mar Helado, hasta los 16 grados ácia el mediodia. Esta grande cadena de montes empieza junto á la orilla del Mar Helado, y separa el Gobierno de Arcangel de la antigua *Ob-*

do-

doria. La parte de estos Montes, que se estiende desde el mar, hasta cerca del nacimiento de la *Tura*, la llaman actualmente *Vercotursky Kamen*, (piedra de Vercoturia) y antigüamente montes *Yugóricos.* Por aquí dicen, que los *Ugros* ó *Ungaros* pasaron á Europa á fines del siglo IX. Los Antiguos les daban tambien á estos montes el nombre de *Hiperbóreos.* Los Rusos los llaman *Kammennoy* ó *Veliki Poyas*, y tambien *Obstcheisirt*, que significa falda universal de montes: los Tártaros se sirven de la palabra *Ural*, que quiere decir cintura. Estos montes sirven de límites entre el Asia y la Europa : de ellos sacan los Rusos una cantidad muy grande de aceyte terrestre, que llaman *Kamennoymasla* (aceyte ó manteca de piedra). Muchos Autores han afirmado, que los Rusos la sacan de la roca conforme la venden ; pero padecen equivocacion, porque es una agua vitriólica que hacen secar en los hornos. Si por casualidad se llega á coagular en los montes, tiñe la tierra de negro, y se forma en muchas partes Pizarra : los Rusos curten sus cueros con esta especie de aceyte.

En la Siberia hay dos volcanes, y del uno, que está cerca de la desembocadura del Lena en el mar Helado, recogen entre sus cenizas mucha Sál Amoniaco.

Es-

Este vasto Imperio está rodeado de mares, sembrado de lagos y travesado por una infinidad de rios. Todas estas aguas nos parecen dignas de fixar nuestra atencion, y que hagamos una descripcion particular de todas ellas.

La Livonia la baña al occidente el mar Báltico, que antigüamente llamaban mar de los *Varegos*, el qual puede considerarse como un gran golfo del occéano: su mayor profundidad no es mas que de 50 toesas, y los Sábios de Suecia han observado, que en un siglo se disminuye cerca de 45 pulgadas: quando está agitado, arroja algun ambar sobre las costas de la Curlandia y de la Prusia.

El golfo de Finlandia se comunica con este mar, y comienza mas abaxo de Petersburgo, donde recibe las aguas del Neva; tiene 100 leguas de largo, y 24 de ancho.

El golfo de Riga, que igualmente llaman golfo de Finlandia, pertenece tambien al mar Báltico.

El mar Helado baña todas las costas de la Rusia ácia el norte en un espacio de 158 grados de longitud. En todas las estaciones del año se le ve cubierto de témpanos de yelo. Saliendo de las costas de este mar, y tirando siempre ácia el mediodia, no se halla siquiera un árbol en mas de 50 le-

guas

guas de distancia; sin embargo arroja una infinidad de madera sobre la playa, que probablemente baxa de las costas de América, las quales no
estan muy distantes.

La Rusia confina al oriente con el occéano
oriental ó mar de la península de *Kamtschatka*.
Este mar penetra hasta la costa occidental de dicha península y la de *Okotskoy*, y entonces lo llaman los Rusos *Okotskoy-more* (mar de Okotsky), y
los Tungusos *Lama*. Tirando ácia el norte se es-
trecha mas entre el Kamtschatka y la Siberia, y
toma entonces el nombre de *Penchina*, y acaba en
fin por dos golfos, el de *Penchina* al oriente, y
el de *Guichinina* al poniente.

El mar Caspio, que separa la Rusia de la Persia, debería ser comprehendido entre los lagos, pues
la tierra lo rodea por todas partes. Los Antiguos
no conocian ni su forma ni su extension, y creían
que se unia al mar del norte; pero mas verosímil
es, el que antigüamente no formáse sino un solo
mar, con el lago *Aral* y el mar Negro: su largo
desde el norte al mediodia, es actualmente de cerca de 240 leguas, y su mayor anchura de 100 leguas. Los mayores rios que se pierden en este mar,
son el *Volga*, el *Cuma*, el *Terec*, el *Kur*, el *Em-*

ba

ba y otros inferiores. Todo este cúmulo enorme de aguas no tiene salida por ninguna parte. Los Antiguos creían, que se precipitaba en un abismo y se reunian en el mar Negro, despues de haber corrido largo trecho por debaxo de tierra; pero este abismo no existe. Algunos modernos han imaginado otro abismo en un lago, que está al oriente del mar Caspio, y aseguran, que el agua entraba en este golfo por un torrente tan rápido, que no se atrevian á navegar por él, temiendo ser llevados ácia el abismo por una fuerza invencible: pensaban, que por este camino las aguas del Caspio iban á perderse en el mar del Norte ó Helado. Las observaciones que se han hecho posteriormente, han destruído todos estos cuentos, y es necesario recurrir al cálculo de la evaporacion para poder explicar cómo una tan exôrbitante cantidad de aguas que deberia aumentarse continuamente con la entrada de tantos rios, puede contenerse siempre en una misma circunferencia.

La Rusia, en virtud del tratado que hizo en 1774 con la Puerta Otomana, cuenta entre sus mares el de Azof, que los Antiguos llamaban *Palus Meotides*, y los Rusos antigüamente *Guiniloy-More* (mar podrido): su navegacion es muy penosa á causa

de

de las muchas arenas que los rios introducen en él.

La Rusia contiene seguramente los mayores lagos que se hallan en Europa, y el *Ladoga* es el mas grande de todos. Tiene 34 leguas del sud al norte, sobre cerca de 20 de ancho: las continuas tempestades que lo agitan, hacen cambiar la situacion de los Bancos de arena, por cuya razon se hace muy peligrosa la navegacion sobre él, y esto fué causa para que Pedro I. mandáse abrir un canal, que comienza en *Schlüsselburgo*, y siguiendo la orilla septentrional del lago, termina en el *Volkof*, á 17 leguas de distancia; tiene 25 esclusas, y recibe las aguas de cinco rios, que antes iban todos á parar en el Ladoga.

El lago *Onega* está situado al nord-este del •Ladoga, entre este lago y el mar blanco; tiene 30 leguas del sud al norte, sobre 14 de ancho; recibe las aguas de diferentes lagos inferiores por medio de varios rios, y él mismo se desagua en el Ladoga por el Swir.

El *Bielo-Ozero* ó lago blanco está al sud-este del Onega, y contribuye mucho á enriquecer al rio Wolga, con el qual se comunica por medio del *Scheksna*.

El lago Ilmen es muy celebrado en la antigüe-

dad

dad Rusa por estar situada junto á sus orillas la ciudad de Nowogorod ; tiene 10 leguas de largo, sobre 7 de ancho ; recibe las aguas de varios rios, y en él nace el Volkof, que va á parar al Ladoga.

El lago *Peipus* era llamado antigüamente por los Rusos *Tchutskoye-Ozero* (lago de los Tchudos), nombre que daban á los pueblos de la Livonia : en la punta meridional forma un golfo que llaman el lago de Pleskof. El Peipus derrama sus aguas en el golfo de Finlandia por el *Narova*, que ha dado su nombre á la ciudad de *Narva*.

El lago *Altin* ó *Altay*, llamado *Teleskoe*, en el Gobierno de *Tobolsk*, tiene del sud al norte cerca de 30 leguas de largo, sobre 18 de ancho.

El lago *Baical* ó mar Santo, como lo llamaban los Orientales, se estiende desde los 52 hasta los 56 grados de latitud, y desde los 122 hasta los 127 de longitud ; su largo desde poniente á levante es de 120 leguas, y su anchura de 5 á 7.

Ademas de estos lagos hay tambien en Rusia otros, que semejantes al mar Caspio ; reciben las aguas de diferentes rios, y no dan nacimiento á ninguno; tales son los lagos de *Askal* y *Kargaldschin*, en el Gobierno de Oremburgo, y los de *Koptchí*, *Tchani* y *Karasuk*, en la Siberia : hay otros lagos, que

que ni reciben ni dan origen á ningun rio.

Los principales rios que riegan la Rusia , son:
el *Volga* , que va á parar al mar Caspio : el *Don*,
que entra en el mar de Azof: el *Dneper*, en el mar
Negro : el *Dvina* Septentrional , en el mar·Blanco:
el *Dvina* Occidental , en el Báltico ; y el *Neva* , en
el golfo de Finlandia.

En la parte Asiática de la Rusia , ademas del
Volga que ya hemos citado , hay otros rios mas
pequeños , que son : el *Yaik* (*actualmente Ural*),
el *Yenisey* , el *Ob*, el *Yenich* , el *Lena* , el *Anadir*
y otros.

Como la Rusia está situada báxo tan diversos
climas , nunca la abundancia ó la escasez son generales en ella. Las provincias que han tenido una
abundante cosecha , abastecen á las que la han tenido mala , por medio de los diferentes rios , por
los quales se comunican las unas con las otras ; y
así la Rusia en qualquiera calamidad se remedia
á sí misma. Para facilitar mas esta tan importante
comunicacion , hizo abrir Pedro I. y la Emperatriz reynante , diferentes canales , por los que se
comunican los rios unos con otros en esta forma:
el canal del *Ladoga* , facilita la comunicacion del
Neva con el *Volcof*: el de *Tever* , la del Volcof y
el

el Volga : el de *Rezef*, la del Volcof, el *Moskva*
y el *Opa* : y de esta misma manera se comunican
por agua San Petersburgo, Moscof y Astracan.

5.º

De la poblacion.

Si la poblacion de este vasto Imperio fuera equi-
valente á su inmensa extension, y tuviera alguna
proporcion con la de otros países medianamente po-
blados, el número de sus habitantes debería subir
á 200 millones lo menos. Todos los que hasta aquí
han escrito sobre la Rusia, han diferenciado mucho en el total de sus habitantes. Unos no la dan
mas de 12 millones, y otros se estienden hasta
30 : se puede atribuir esta incertidumbre y variedad, á la poca exâctitud de los Escritores, que
llevados solo de lo que han oído, ó formando cálculos mal convinados, cada uno le ha dado el número de habitantes que le ha parecido; pues en
un país donde cada 15 años se hace una matrícula ó empadronamiento de todos los hombres que
pertenecen á la Nobleza, á la que tienen que pagar un impuesto anual, y regulando á estos un número igual de mugeres, sería facil sacar un total
que

que se acercáse á la exâctitud. Bien es verdad, que en esto hay alguna confusion, porque muchos procuran exceptuarse de este impuesto, y cobrar su libertad á fuerza de dinero, ó por otros medios. Ademas de esto, en este empadronamiento no se incluye á la Nobleza, al Estado Militar, á los empleados en el Gobierno y en la Corte, á los habitantes de la Estonia, de la Livonia y de la Finlandia, ni á los Tártaros y Calmucos, que estan báxo la dominacion de la Rusia, los que todos juntos componen un número muy crecido; pero arreglandonos á los cálculos mas exâctos, que algunos imparciales y hombres de talento han hecho estando yo allí, el total de sus habitantes lo podremos fixar á poco mas de 24 millones; y por consiguiente, la Rusia es proporcion guardada respecto de su extension, cinco veces menos poblada que la España.

Las guerras continuas que la Rusia ha sostenido contra los Turcos y otras potencias de Europa, han disminuído mucho la proporcion entre los dos sexôs, y en atencion á esto publicó el Conde de *Romanzof* una disertacion, en la que quiso probar, que la Poligamia no solamente era útil, sino es tambien necesaria para poblar la Rusia. Esta tan

gran-

grande desigualdad de poblacion, es causa de que la mayor parte de un terreno tan fértil quede inculto.

La escasez de habitantes se atribuye á una infinidad de causas, entre las que se notan con mas particularidad, son la incontinencia y la embriaguez: contribuye tambien á la despoblacion la falta de Médicos en lo interior del país, los estragos de la peste, y de otras epidemias muy freqüentes en este Imperio; á lo que se debe añadir el desastre de las grandes y continuadas guerras, que la Rusia, como ya se ha dicho, ha sostenido en este siglo; pues me han asegurado los mismos del país, que la última guerra que los Rusos tuvieron con los Turcos y Suecos, les costó mas de 700y hombres, lo que no me parece exâgeracion, pues solo la toma de la Plaza de *Otschacof* en 1788, costó á la Rusia cerca de 20y hombres.

Ademas de esto la mayor parte de los reclutas que se hacen en las provincias mas interiores del Imperio, y regularmente en el invierno, perecen en el camino á causa de los frios que pasan, y de los grandes desiertos que tienen que travesar.

Pedro I. en vista de la grande escasez de habitantes que habia en su Imperio á proporcion de

su

su inmensa extension, quiso remediar en parte este mal, é ilustrar al mismo tiempo su Nacion en todas las artes y ciencias que hasta entonces habian sido desconocidas de los Rusos; para cuyo efecto, convidó y atraxo á su Imperio una infinidad de Estrangeros, Militares, Fabricantes y artistas de todas clases, por un manifiesto publicado en 1701, y esparcido en toda la Alemania. Lo mismo habia hecho antiguamente, pero no con tan buen éxîto el *Tzar Iwan Vasiliewitch*, y en seguida de éste, *Boris Gudunof.* Catalina II. ha seguido el exemplo de Pedro I. y de sus antecesores, convidando á todos los Estrangeros, que oprimidos por la pobreza ó por otra razon, quisiesen ir á su Imperio á disfrutar la dulzura de su Gobierno. En este convite general incluían á todas las comuniones y religiones diferentes. Mas de 20ų Alemanes, con la esperanza de disfrutar de suerte mas propicia, se acogieron al Imperio Ruso. La Emperatriz les señaló sitios y viviendas para su establecimiento en toda la orilla del Volga en el Gobierno de Astracan, y les dió casas, bacas, caballos, carretas, y todo lo necesario para la labranza, exceptuandolos al mismo tiempo por diez años de todo impuesto. Sin embargo de todas estas antici-

L   pa-

paciones y ventajas, y de la buena y maternal intencion de la Emperatriz, es menester confesar, que en este establecimiento no han correspondido los buenos sucesos que de él se debian esperar. Los que fueron comisionados para su arréglo, abusaron de las órdenes é intencion de la Soberana, y de la buena fe de los Colonos. En lugar de los Caballos buenos que les habian ofrecido, se los dieron silvestres, que con carretas y todo se escapaban á los desiertos. Los Colonos desesperados con tal engaño, unos se ahorcaban, otros se morian de hambre, ó envenenados con la mala harina que les habian subministrado para su subsistencia.

Recientemente propuso la Emperatriz á los Príncipes y Emigrados Franceses, fuesen á establecerse y formar una Colonia Francesa en los desiertos de la Siberia ; pero estos la dieron infinitas gracias por tan generosa oferta, y no la admitieron.

Del

6.º

Del carácter moral de los Rusos.

Eran los Rusos en otros tiempos (y así nos los pintan los Antiguos), una nacion, que por su barbarie, su embriaguez, su supersticion, y por otra infinidad de vicios, se distinguian y hacian temibles de sus vecinos; y por esto casi ningun pueblo de Europa tenia con ellos relacion alguna: solo se trataban con los Asiáticos, que por la semejanza en el trage, vicios y costumbres, se pueden tener por unos mismos.

Para dar mejor á conocer el carácter de esta nacion, es preciso referir aquí algunos de sus usos y antiguas costumbres.

Las costumbres de los antiguos Rusos eran sumamente sencillas. El luxo diario, que es el mas perjudicial, les era enteramente desconocido: sus casas eran muy pequeñas, y en cada una vivia una sola familia: los quartos estaban rodeados de bancos asegurados en la pared, y aun en la Corte no se conocian mas asientos que estos. Tambien servian algunas veces estos bancos de cama, pero

L 2

en

en el invierno se acostaban, como aun ahora lo hacen, sobre las *Leschanqui*, especie de estufas quadrilongas: los hombres ocupaban las habitaciones de la entrada, y las mugeres la parte interior de la casa; la mayor prueba de amistad que un Ruso podia dar á un Estrangero, ó á uno de sus amigos, era hacerle ver á su muger; el que obtenia este favor la daba un beso en la boca, pero debia no tocarla y tener las manos caídas á los lados.

Allí no era conocido el libertinage, que nace de la demasiado libre comunicacion de ambos sexôs, pero se daban á otros vicios mas opuestos á la naturaleza.

Condenadas las mugeres á la mas severa soledad, no eran dueñas de mandar en lo interior de sus casas; enteramente sujetas á sus maridos, solo se entretenian en coser y hilar: éstas, en otras partes tan imperiosas, sufrian aquí la mas dura sujecion; y los hombres en otros países, tan rendidos, exercian en éste un imperio tiránico y cruel sobre el sexô débil. Muchas veces á fuerza de golpes daban los maridos á conocer su amor á sus mugeres, y estas infelices (segun dicen) querian mas bien verse molidas á palos, que indiferentes ó despreciadas.

Las

Las viejas eran las que ordinariamente trataban los casamientos : los parientes se convenian en las condiciones, y los dos esposos se veían por la primera vez en el mismo instante que iban á unirlos para toda la vida; pues la Iglesia Rusa no consiente el divorcio, á menos que uno de los dos Esposos no dé al otro la libertad abrazando el estado religioso. No era casi permitido casarse tres veces, y la quarta se miraba como un atentado contra la religion.

Los Rusos conservaban aún mucha sencilléz en los entierros, pero á imitacion de los Griegos y Romanos, y otras naciones, alquilaban lloronas para que acompañasen en estas tristes ceremonias. No podian los Estrangeros detener la risa al oír las preguntas que estas mugeres hacian al difunto. ¿Por qué te has muerto? le decian : ¿no te hallabas bastante rico, y protegido del Tzar? ¿tus hijos no te daban buenas esperanzas? pues dime : ¿por qué te has muerto? Todos estos gestos, lágrimas y gritos, se repetian mas vivamente quando iban á echar al muerto en el hoyo; pero poco despues, y en este mismo sitio, enjugando las lágrimas, y olvidando la tristeza de repente, se empezaba un banquete que habia ya preparado. Seis semanas des-

pues

pues se repetian los mismos llantos, y la misma comida en el mismo lugar.

Los Mercaderes componian un Cuerpo del Estado, y eran contados, como aún lo son, despues de la Nobleza inferior; pero disfrutaban entonces de muchos privilegios que han perdido despues: eran considerados como parte constituyente del Gobierno, y admitidos en todas las grandes Juntas del Estado, en las que daban sus votos.

Los Labradores no eran esclavos, pero no tenian tierras en propiedad: todas pertenecian, como actualmente, á la Nobleza, de las quales abandonaban una cierta porcion á estos Labradores, dandoles un dia á la semana para labrarlas, y los restantes los ocupaban en las de los Señores; pero tenian libertad de abandonar esta propiedad precaria, é ir á las ciudades á servir ó exercer los trabajos de que eran capaces.

Los esclavos que se conocian entonces, eran los prisioneros que se hacian en la guerra: los que compraban á los Cosacos y Tártaros, y los Rusos, que se vendian á sí mismos.

Los criados servian por contratas, y por un tiempo convenido; estas contratas se depositaban en un Tribunal, que estaba encargado de la observancia

cia de sus cláusulas , y de juzgar las diferencias entre amos y criados ; y así unos y otros igualmente sujetos á las leyes , recibian igual proteccion y podian recurrir á la Justicia.

Las diferentes clases eran conocidas por el trage , y estaba prohibido á la gente baxa el llevar vestidos ricos. Así la ley obligando á cada uno á no salir de su estado , no gastaban sino á proporcion de sus fortunas , y no arruinaban sus familias con un fausto perjudicial.

El desafio era desconocido de los Rusos , y á los Estrangeros que incurrian en él , los castigaban como asesinos ; pero habia otra especie de combates , que el Gobierno toleraba y aun animaba , pues lo creía útil para conservar el valor de la nacion , y endurecerlos en los trabajos : ciertos dias determinados , todo el pueblo salia de las ciudades á ver á la juventud exercitarse , y pelear á puñadas; aun hoy dia se ve la inclinacion que tienen los Rusos á esta especie de riñas , y los muchachos no se pelean sino á puñadas , y con una destreza admirable.

La ignorancia es la madre del orgullo de las naciones y de los particulares. Los pueblos que tienen poca comunicacion con los Estrangeros , se estitiman tanto mas , quanto menos conocen lo que les falta : y así los Rusos que no salian de su país, se creían superiores á todas las demas naciones , y consideraban á sus Tzares mas poderosos que los otros Soberanos. Los Griegos y los Romanos llamaban á los Estrangeros, bárbaros: los Rusos los llaman Mudos, pues el no hablar su lengua , era estar, segun ellos, privados del habla : de la palabra *nem* ó *nemoi* (mudo) , se ha formado la de *nemetz* , Estrangero , cuyo nombre dan ahora en Rusia á los Alemanes.

Aun en tiempo de la Administracion de la Princesa Sofia en 1682 , los Bóyaros ó Grandes, y la gente empleada , no podian tener comunicacion alguna con los Estrangeros , y solo de noche y á escondidas , era quando hablaban con ellos.

Todo hombre que tiene pocas luces , y que á esto se le agrega mucha supersticion , es generalmente obstinado é invariable en sus costumbres ; y así , aunque los Rusos estan sumamente subordinados , y temen mucho la indignacion de sus amos; sin embargo de esto los hemos visto furiosos y temibles , quando han intentado despojarlos de sus usos y antiguas costumbres.

Esto se vió quando Pedro I. que amaba las ar-

tes

tes y costumbres de la Europa, quiso forzar á sus
vasallos á adoptar el trage de los pueblos que les
ponia por modelo. Los Rusos podian, á la verdad,
sacar muy grandes ventajas de la comunicacion
con los demas países, pues nunca llegan los hombres al grado de perfeccion de que son capaces,
sino comunicandose los unos á los otros los descu-
brimientos que han hecho, y las artes que han inventado; pero hay ciertos usos indiferentes, que los
Soberanos deben abandonar al capricho de sus pueblos: como por exemplo, los que no influyen sino
sobre la forma del trage.

Los Rusos conservaban sus barbas y sus vestidos largos á la Asiática, hasta el reynado de Pedro I., y este Príncipe, de vuelta de sus viages,
halló á muchos Señores vestidos á la Alemana,
como ya lo estaban los Oficiales y Soldados. Este
exemplo hubiera sido facilmente imitado por muchos; pero Pedro I. que era naturalmente impa-
ciente, no quiso que fuese el tiempo el que llegáse á efectuar su voluntad ; y así mandó , que
todos los Rusos se cortáran las barbas, dexasen las
ropas Asiáticas y adoptasen las Européas. En las
puertas de las ciudades colgaron un modelo del
nuevo vestido, y todos los que pasaban sin él, pa-

M   ga-

gaban una multa, y les cercenaban las ropas, y otros iban por las calles con unas tixeras cortando las barbas á los que pasaban. La mayor parte de la nacion, y particularmante los *Rascolniki* (sectarios) miraron esta innovacion como contraria á la religion, y decian, que valia mas morir, que dexarse cortar las barbas. Un jóven, natural de Moscof, fué el que mas contribuyó al levantamiento que estas órdenes tan rigurosas como ridículas ocasionaron particularmente en Astracan, donde se habia refugiado. Pedro I. tuvo que enviar al General *Scheremetief* con tropas para sosegar á los rebeldes; pero ¿quál fué el fruto que sacó el Tzar de todas estas innovaciones? hizo morir una infinidad de hombres, que no tenian otro delito, que el querer conservar el trage que sus abuelos y antecesores habian llevado, y al fin no pudo conseguir su intento; pues aun hoy dia llevan los Rusos el trage y las barbas como antigüamente. Solo la Nobleza y cierta clase de gentes van vestidas á la Européa, y estos gastan un luxo y profusion, que tiene empeñadas las casas mas poderosas. Este era el estado de la nacion hasta el reynado de Pedro I. La ignorancia de los Rusos era un efecto de su situacion, y para que estos llegasen al estado de ci-

vi-

vilidad de los demas pueblos de Europa, era menester ponerlos en una situacion semejante á la en
que estos se hallaban, lo que no tuvo presente Pedro I. quando intentó ilustrar á su nacion; sin
embargo de esto llegó este Príncipe, á fuerza de
muchos trabajos, desvelos y conocimientos, á civi-
lizar en parte á los Rusos, y á mejorar el carácter de la nacion. Al paso que les hacia conocer é
instruirse en las ciencias y en las artes, les hizo
ver la preferencia que tiene un hombre de talento,
sobre un ignorante, y que solo los talentos y las
virtudes, son las que deben distinguir y hacer es-
timar á los hombres. Uno de sus primeros pasos
fué enviar á muchos nobles á estudiar á los mejores Colegios y Universidades de Europa, particularmente en Alemania, donde aun hoy van muchos á expensas de la Corona á hacer sus estudios. En las minas de *Freiberg* en Saxonia, he conocido yo diez ó doce jóvenes Rusos que estaban
aprendiendo la Minerología para dirigir despues las
de su país. Estas y otras tan sabias, como bien
dirigidas ideas, han hecho adelantar á los Rusos
con tanta rapidéz en toda especie de conocimientos. En ellos se encuentra ahora una imaginacion
vivísima, mucho talento y penetracion, y una dis-

po-

posicion admirable para instruirse: no hay nacion que aprenda con mas facilidad las lenguas Estrangeras, ni con mas perfeccion; con dificultad se hallará en Petersburgo un Ruso que no sepa la lengua Francesa, ó á lo menos la Alemana, y muchos de ellos hablan seis y siete lenguas. Sus pasiones son muchas y violentas; son muy cumplimenteros y ceremoniosos en su trato; y quando se visitan, se saludan los hombres y las mugeres dandose mutuamente un beso, cuya costumbre la han adoptado facilmente los Estrangeros; son muy afectos al adorno exterior, y todas las mugeres, sin distincion de rango ni edad, se cargan tanto la cara de blanquete y arreból, que á mucha distancia se distinguen de las Estrangeras: esta pintura hace que con el tiempo se les pongan los dientes verdinegros, y entonces se los tiñen todos de negro para que queden iguales: una muger muy bien pintada la cara y los dientes, es una hermosura entre aquellas gentes; y así para expresar una belleza, dicen *Krazawitza*, que quiere decir moza pintada.

Muchos estan en la inteligencia, y han afirmado, que los alimentos de los Rusos son generalmente malos y muy escasos, pero se engañan: ellos comen muy buen pan; muchas veces en la semana car-

carne y pescado, de que abunda todo el país ; beben muy buena Zerbeza, Aguardiente, Kislischi, Kuas, Ojimiel y otras bebidas, y con una piel de carnero, y una pequeña casa bien caldeada, se resguardan del rigor del frio; luego no hay miseria: sin embargo, es menester observar que el pueblo come la mayor parte del año de vigilia, en cuyo tiempo se mantiene solo de pescado, legumbres y fruta, pero en lo demas del tiempo no carece de nada, pues en un país, que, como queda dicho, hay mas abundancia de producciones que de habitantes, ¿cómo pueden carecer estos de lo necesario?

El recreo de los Rusos es el baño caliente de vapor, que todos toman una vez á la semana, regularmente los Sábados, y muchos dos y tres veces con pretexto de salud; pero mas bien es, por el placer que en ellos sienten. El baño es un quarto fuertemente caldeado por una infinidad de estufas, y lo mismo es entrar en él, que se empieza á sudar excesivamente: yo me he bañado diferentes veces, pero jamas he podido aguantar tanto tiempo el calor como los Rusos, que se estan dentro hasta que pierden la respiracion y se sofocan; pues en los baños Rusos, el calor excede el tem-

temple de la atmosféra de 50 á 60 grados , segun el termométro de *Reaumur*. Todos los particulares tienen baños en sus casas ; pero tambien los
hay públicos , donde concurria todo el mundo , sin
distincion de sexô ni estado. Ultimamente separa-
ron en Petersburgo el baño de las mugeres del de
los hombres , en vista de los desórdenes que en ellos
se cometian ; y seguramente era aquel el espectáculo mas indecente y repugnante que se podia ver.
Muchos aseguran , que en las provincias mas ácia
el norte de la Rusia , las madres meten á sus hijos recien nacidos en agua fria , y luego en la caliente , para que así se endurezcan y resistan la
crueldad del clima : yo no lo puedo afirmar , pero lo que he visto es , que los Rusos salen sudan-
do y encarnados como la grana del baño , y van
corriendo á revolcarse en cueros entre la nieve ; se
laban con agua fria y vuelven á entrar en el baño , sin que esto les altere ni haga la menor impresion en la salud ; y me parece que solo los que
desde su niñez esten acostumbrados , podrán resistir tan fuerte y repentina alternativa del calor al
frio.

Tambien afirman algunos , que el excesivo calor de los baños , es causa de la poca poblacion
de

de la Rusia ; porque la mayor parte de las criaturas que nacen , son víctimas de él ; pero los que tienen la felicidad de escapar , son tambien de constitucion la mas robusta.

El frio es causa de algunas enfermedades endémicas , y ataca tambien el celebro ; pues así como á las criaturas de una complexîon robusta las endurece y fortifica , por el contrario causa rabia á las que son endebles. Esta enfermedad bastante comun en Rusia , no solamente se atribuye al frio, sino tambien al poco cuidado con que crian á los niños , y á que á estos los acostumbran demasiado temprano á beber aguardiente.

Los habitantes de las provincias mas ácia el norte de la Rusia , se meten en cueros entre la nieve, para resguardarse de la excesiva frialdad del ayre.

7.º

De la lengua.

La lengua Rusa trae su origen de la Slavona: su alfabeto es medio Griego y medio Hebreo , ó por mejor decir , se deriva de ambos. Una infinidad de caractéres, que en otras lenguas se escriben con dos, tres ó quatro letras , tienen en la Rusa cada uno el

su-

suyo ; como por exemplo , *ts* , *tch* , *sch* , *schtch* , **y**
esto es causa de que su alfabeto sea tan grande,
pues se compone de 38 letras ; pero comunmente
se sirven solo de 31 , que son las siguientes :

Figura de las letras.	Sus nombres.	Figura de las letras.	Sus nombres.
A	*Az.*	*C*	*Slowo.*
6	*Bukí.*	*T. Ш*	*Twerdo.*
B	*Vedí.*	*У*	*U.*
Г	*Glagol.*	*Ф*	*Fert.*
Д	*Dobró.*	*X*	*Gier.*
E	*Test.*	*Ц*	*Tsí.*
Ж	*Schiveté.*	*Ч*	*Tcherf.*
З	*Zemlia.*	*Ш*	*Scha.*
И	*Ische.*	*Щ*	*Schtcha.*
K	*Kako.*	*ъ*	*Tere.*
Л	*Liudí.*	*ЬІ*	*Terí.*
M	*Muislieté.*	*Ь*	*Ter.*
H	*Nasche.*	*Ѣ*	*Tati.*
O	*One.*	*Ю*	*Tu.*
П	*Pakoi.*	*Я*	*Ta.*
P	*Retsí.*		

Antes del reynado de Pedro I. se escribia tan
poco en esta lengua (sin embargo de conocerse en
Ru-

Rusia desde tiempos muy remotos el arte de escribir), que solo la gente de mayor distincion eran los únicos que sabian arte tan útil. Hasta que desde aquel felíz reynado para los Rusos, no solo se han traducido infinitas obras de los mejores Autores de otras naciones; sino es que se han escrito tambien otras muchas originales, y desde entonces la lengua Rusa ha perdido enteramente su anterior rudeza; es muy rica, elegante y armoniosa, y los centenares de diminutivos que en ella hay, la hacen ser una de las mas expresivas y agradables, y aunque por la infinidad de consonantes que tiene, se debiera creer que era una lengua dura y áspera; al contrario, es muy dulce. La mucha variedad de pronunciaciones, y la ninguna conexîon que esta lengua tiene con las demas de Europa, hace que sea sumamente dificil á un Estrangero el aprenderla; y así he conocido muchos, que habiendo estado allí mas de quarenta años, aún tenian mucha dificultad en explicarse, y ciertamente para llegar á hablar el Ruso con alguna perfeccion, es menester haberse dedicado á él desde la mas tierna edad: tiene millares de dialectos, y así es facil conocer al que es natural de Petersburgo, de Moscof ó de Arcangel,

Del

8.º

Del culto.

Los Slavos ó antiguos Rusos fueron idólatras hasta el reynado de Wladimir, que introduxo en Rusia la religion Christiana. Este Príncipe fué por mucho tiempo el mas obstinado idólatra, sin embargo del cuidado que su abuela Olga tuvo en educarlo é inclinarlo á la religion Christiana, que ella misma habia abrazado, recibiendo el Bautismo en Constantinopla en 955.

Muchos Príncipes Christianos intentaron igualmente atraer á Wladimir á la Iglesia Romana, pero no tuvieron efecto sus pretensiones. La mision de un Griego fué mas dichosa, pues le hizo amar la religion Griega; y en efecto este Príncipe se hizo bautizar en 988, recibiendo el nombre de *Vasili* ó Basilio, y se unió toda la nacion á la Iglesia Griega.

El culto se celebra ahora en lengua Slavona, que ninguno de ellos entiende: en cada Iglesia no se dice mas que una Misa todos los dias, como á las nueve de la mañana. Sus Misas son mucho mas largas que las nuestras, porque se componen de una in-

infinidad de ceremonias, rezos y cánticos. A imitacion de los Griegos introduxo el Patriarca *Nicon*, en las Iglesias Rusas, muchos niños de coro para cantar los Oficios. El pueblo reza el Padre nuestro, ó su corta y freqüente oracion de *Jospodi pamilui* (Señor, tened piedad de nosotros). No permiten en las Iglesias ningun instrumento de música, pues dicen, que solo la voz humana puede glorificar á Dios. Todos estan de pie, y nunca se arrodillan, ni menos hay bancos donde sentarse en las Iglesias, en las que puede entrar ahora todo el mundo, sin distincion de sexô ni religion. A excepcion de Petersburgo y de Moscof, en muy pocas partes se predica.

Los Rusos no tienen ninguna imagen de vulto, sino todas pinturas, con particularidad la de la Vírgen. Entre todos los Santos distinguen especialmente á San Nicolas, que es el patron de la nacion, y á quien imploran y dirigen regularmente sus ruegos, en particular los Marineros. Todos tienen un San Nicolas á la entrada de sus aposentos, y lo primero que hacen aun antes de saludar á los dueños de las casas donde entran, es ver donde está la imagen para ir á santiguarse, y hacer profundas reverencias delante de ella: el modo de santiguarse

es

es empezando desde la frente al pecho , y desde el hombro derecho ál izquierdo , cuya ceremonia ha causado bastantes disensiones en Rusia. Reconocen siete Sacramentos , y creen que Dios instituyó el Bautismo para regenerar y purificar al hombre del pecado original. Los Curas son los que bautizan; pero si la criatura se halla en peligro , qualquier particular puede hacer esta ceremonia. Todos ellos reciben en el Bautismo una cruz que llevan colgada al pecho , y tienen mucho cuidado en conservarla toda la vida. Empiezan á confesar y á comulgar á los siete años , para lo que los preparan con fuertes ayunos , y confiesan y comulgan en pie: tambien dan la comunion aun á los niños de teta, si estan en peligro de muerte. Los Soberanos y los Grandes de Rusia hacen embalsamar sus cuerpos á excepcion de la cabeza , porque segun los principios de su religion , sería una profanacion muy grande el embalsamar esta parte que ha recibido el Sacramento de la Extrema-Uncion.

Los Rusos observan quatro quaresmas, y la mas grande equivale á la nuestra; dura siete semanas enteras , sin contar otra semana de vigilia de preparacion , que ellos llaman *Masla nedel* (semana de manteca), porque aunque en ella ya no comen carne,

ne, pueden aún comer manteca, que les es prohi-
bida en todo lo demas de la quaresma: en esta semana van todos á despedirse de sus parientes y conocidos, pues hasta la Pasqua de Resurreccion no
se vuelven ya á visitar; y así se piden perdon los
unos á los otros de sus ofensas, y se reconcilian
con sus enemigos. Otra de sus quaresmas, que llaman *Peter-post* ó de San Pedro, dura cerca de seis
semanas, y en todas ellas se abstienen de carne,
leche, huevos y manteca, y se mantienen solo de
fruta, legumbres, pan y pescado. Ademas de esto
todos los miércoles y viérnes de la semana comen
de vigilia: de manera, que la mayor parte del año
no comen carne, y esta es una de las causas porque la Rusia abunda tanto en ganados.

El primer dia de Pasqua de Resurreccion se
besan unos á otros, y se dan mutuamente un huevo pintado, diciendo estas palabras: *Jristos voskrest*,
que quieren decir, Jesu-Christo ha resucitado; y el
que lo recibe responde: *Istinnoy woskvest*, sí, verdaderamente ha resucitado. Si el hombre mas inferior
presenta un huevo de estos, diciendo las palabras
referidas á la persona mas condecorada, aunque sea
muger, tiene que admitirlo y recibir el beso. Me
han contado que un hombre que estaba borracho
tu-

tuvo el atrevimiento de presentar á la Emperatriz reynante un huevo de estos, la que lo recibió, y le dió el beso acostumbrado; pero el infelíz pagó bien caro este favor.

Los Rusos, aunque supersticiosos, son mucho mas rigurosos y exâctos en guardar los preceptos de su religion, que ningun Pueblo Católico.

Entre las preocupaciones que Pedro I. tuvo que vencer de los Rusos á fuerza de mucho trabajo, se distinguen las siguientes: *El viajar á países Estrangeros era un delito irremisible*, y tanto, que los Patriarcas lo juzgaban digno de muerte, aun respecto de los mismos Soberanos. *La excomunion contra los Tzares y Príncipes que se casaban con alguna Princesa Estrangera. El uso del Tabaco era una profanacion y una habitud de pecado mortal.* Este punto de fe lo fundaban, en que el Tabaco provenia de una raíz amarga que San Jorge representa como emblema de la cólera y del ódio. Anteriormente celebraban el dia de año nuevo el primero de Septiembre, que lo miraban como la época de la creacion del mundo: Pedro I. abolió esta antigua costumbre, é introduxo en su Imperio el Periodo Juliano.

En Rusia creen (como en cada país), que su religion Griega es la única verdadera y ortodoxâ;

an-

antigüamente era grande la aversion que los Rusos
tenian á todas las demas doctrinas ; y así todo Chris-
tiano, de qualquiera comunion que fuese, no era tenido por tal, sino que lo comparaban con los demas
Paganos, y bautizaban de nuevo á los prosélitos : á
los Latinos los llamaban *Besboschni*, Ateistas. Actualmente reyna en Rusia una perfecta tolerancia de
todos los cultos, efecto de los progresos rápidos que
allí se han hecho en las ciencias y en las artes: de
todas las comuniones Estrangeras, la mas numerosa es la de los Luteranos; tambien hay algunos reformados Franceses, Alemanes y Holandeses. Los
Católicos son en menor número, y estos tienen en
Petersburgo una Iglesia, que es uno de los mejores
edificios que adornan aquella capital : estan sujetos á la inspeccion Eclesiástica de un Obispo, en
virtud de un *Ukas* ó edicto publicado por Catalina II. en 1774, en vista de lo mucho que se aumentó el número de los Católicos, por la conquista de una grande parte de la Polonia, cuyos habitantes son en la mayor parte Católicos Romanos.
Tambien hay muchos Christianos Armenios en el
Imperio, los quales tienen sus Iglesias en Petersburgo y Astracan, y en esta última ciudad reside un
Obispo de ellos.

En

En el reynado de Wladimir II. en 1113, fueron los Judíos echados de la Rusia, donde se habian establecido, y desde entonces no se les ha vuelto á permitir en este Imperio, sin embargo de la inmediacion de la Polonia, en la que muchos de ellos se han acogido y se han ido propagando. En fin, de todos los varios cultos que en Rusia se permiten, no hay alguno que sea tan público, solemne y general, como el de los Protestantes de la Confesion de Augsburgo. En las provincias mas interiores del Imperio hay tambien muchos Mahometanos y Paganos. El Santo Sínodo ha comisionado en varias ocasiones Misioneros para convertir á estos infieles. En efecto, muchos se han convertido y agregado á la Iglesia Rusa, aunque la malevolencia ha querido atribuir estas conversiones, mas bien á la violencia y crueldad de estos Religiosos, que á un verdadero convencimiento y conocimiento claro de la verdad de la religion Christiana.

Aunque la Iglesia Rusa ha tolerado el establecimiento de otras religiones, no ha dexado por esto de perseguir á los Cismáticos de la suya: estos se llaman en Ruso *Rascolniki*, de la palabra *rascol*, cisma ó disension; ellos se dan á sí mismos el nombre de *Staroi-verti* (antiguos creyentes), por no haber
ber

ber querido adoptar las innovaciones que el Patriarca *Nicon* introduxo en la Iglesia Rusa , que fué la causa de la separacion de estos ; pues creían que iban á cambiar de religion , quando solo se trataba de restablecerla á su antigua pureza , y reformar ciertos errores que se habian introducido en ella ; sus dogmas son iguales á los de los Rusos , y solo se distinguen en el modo de persignarse , en la obstinacion de no leer sino es libros antiguos , en no adoptar sino es imágenes antiguas , y otros puntos semejantes á estos. Los Raskolnikí han sido varias veces cruelmente perseguidos para obligarlos á abjurar sus errores ; y sin embargo de las crueldades que han cometido con estos infelices , no lo han podido conseguir jamas. Pedro I. en vista de la constancia de estos hombres , y compadecido de sus desgracias, mandó que los dexasen vivir en paz, siempre que no procurasen esparcir sus errores y hacer partidos. Muchas provincias de la Rusia estan llenas de estos Cismáticos , que se distinguen exteriormente por el cuidado que ponen en dexarse crecer las barbas.

Diferentes veces ha intentado y trabajado el Clero Católico Romano en reunir la Iglesia Griega á la Latina , y particularmente tres Papas se

O   han

han esmerado en ello, pero siempre han sido en vano sus deseos. Ultimamente Gregorio XIII. envió á este efecto á Moscof, al célebre Jesuita *Antonio Posevino*, pero su embajada no surtió ningun efecto. En el año de 1717, estando Pedro I. en París, la Sorbona hizo tambien varias tentativas, y escribió un discurso excelente, que se presentó al Tzar para ver cómo realizar esta union, pero todo fué infructuoso. Luego que este Príncipe volvió á su patria, determinó, á riesgo de su vida y del Estado, abolir la dignidad de Patriarca, cuyo poder habia llegado al extremo de quererse oponer á la Suprema autoridad; y así determinó dicho Emperador, que estos dos poderes estuviesen unidos en su Persona; de manera, que no era posible que este Príncipe consintiera en reunirse á la Iglesia Romana, quando en este mismo paso hubiera tenido que reconocer la potestad del Papa, aunque podia reconocerle solo en lo espiritual, como le reconocen los Príncipes Católicos.

Del

9.º

Del Gobierno Eclesiástico.

Luego que el Christianismo se introduxo en Rusia , se confirió el gobierno Eclesiástico á un Pontífice ó Metropolitano: hubo al principio muy pocos Obispos, y de estos se nombraron en seguida algunos Arzobispos. El Cuerpo Eclesiástico se juntaba , y éste y el Tzar elegian y nombraban el Metropolitano, que debia ser Cabeza del Clero; teniendo siempre que pedir la confirmacion de este nombramiento al Patriarca de Constantinopla , de donde habian venido los primeros Misioneros que establecieron la religion Christiana en el Imperio Ruso. En diferentes ocasiones se ha querido abrogar el Patriarca de Constantinopla el derecho de nombrar y dar arbitrariamente un Xefe á la Iglesia Rusa, á lo que siempre se ha opuesto el Soberano. Luego que los Turcos se hicierón dueños de Constantinopla , cesó la influencia de sus Patriarcas sobre este gobierno , y quedó este derecho solo en manos del Emperador: en conseqüencia de esto el Tzar *Feodor Iwanowitch* creó en 1588 un Patriarca particular para la Iglesia Rusa , cuya inauguracion fué

la

la mas solemne, y se hizo con la mayor magnificencia. Jeremías, entonces Patriarca de Constantinopla, que habia ido á la Corte de Rusia á implorar la proteccion del Tzar, fué el primero que consagró al Patriarca nuevamente creado, declarando al mismo tiempo á la Iglesia Rusa independiente de las demas Iglesias. La instalacion de los Patriarcas Rusos se hacía anteriormente con mucha pompa y aparato, y esta ceremonia nos parece digna de referirse.

Las campanas de la Catedral anunciaban desde el amanecer la instalacion del Patriarca: el Prelado que aquel dia obtenia el primer rango entre los demas, y que estaba encargado de la consagracion del nuevo Pontífice, iba tomando el parecer del Clero como si realmente hubiera de hacerse una eleccion; pero esto era solamente por guardar la forma acostumbrada, pues ya el Tzar lo tenia nombrado: luego que el primer Prelado habia dado cuenta al Soberano del resultado de la eleccion, enviaba éste á buscar al Patriarca nuevamente electo, é iba á recibirlo hasta la puerta, en donde recibia de él la bendicion. En seguida iba el nuevo Patriarca á la Catedral á adorar las Imagenes y los Santos sepulcros, y de allí lo llevaban á su palacio,

cio, en donde lo sentaban en la Silla Patriarcal,
cantando estas palabras: ¡ó *Prelado*! *vive una infinidad de años*: sin embargo de esto aun no era mas
que Patriarca electo, y hasta dos ó tres dias despues no se hacia la ceremonia de la consagracion.
Hacian en medio de la Iglesia un tablado todo cubierto de grana, y con tres sillas, la del Tzar de
terciopelo bordado de oro, y los almohadones guarnecidos de perlas, y las otras dos de terciopelo liso,
destinadas para el Patriarca electo, y el Prelado,
que era un Metropolitano que hacia la consagracion quando no habia en Moscof ningun Patriarca
Griego. A la hora señalada, y ya que el Clero se
habia juntado en la Iglesia, se revestian el Metropolitano y el Patriarca electo con los vestidos Pon-
tificales : el Tzar entraba con todas las insignias
de la Soberanía, la corona en la cabeza y el cetro en la mano : despues de estar sentado en su Trono, mandaba á un *Proto-Pop* (Arcipreste) y á un
Proto-Diácono, que conduxesen al Patriarca electo,
y estos dos Eclesiásticos lo tomaban por debaxo de
los hombros, teniendo delante un atril, en donde
recitaba á voces el símbolo, y diciendo: que creía
en los decretos de los siete Concilios Ecuménicos:
que como Pastor guardaría sus ovejas y las preser-
va-

varía de todo error: que no habia dado nada por su eleccion : que ni por la fuerza ni por las órdenes del Tzar, ni por temor á la muerte haría nada contrario á la ley divina, y que no permitiría que ninguno de la religion Rusa contrayese casamiento ni compadrage con los Armenios, Latinos ú otros infieles : este juramento, conforme lo decia, lo iba escribiendo y lo firmaba despues: el Proto-Pop quitaba entonces la Tiara al Patriarca electo, y el Metropolitano estendia la mano, y decia á voces: *la gracia de Dios se esparce por medio de mi humilde ministerio, sobre el Patriarca de Moscof y de toda la Rusia.* El Proto-Pop y el Proto-Diácono conducian al nuevo Patriarca al asiento que le estaba destinado junto al Tzar y el Metropolitano: se ponia la Tiara Patriarcal, baxaba á dar á todo el Clero el beso de paz, y se volvia á su asiento, en donde recibia las enhorabuenas. Despues de todas estas ceremonias, iba el Tzar á ofrecer al Patriarca por regalo diferentes ornamentos ricos, se volvia á su asiento, le dirigia un discurso de felicitacion, y lo saludaba inclinando un poco la cabeza. El Pontífice respondia al discurso del Tzar, y le hacía una profunda reverencia. Toda esta ceremonia fué exâctamente observada por el

Tzar

Tzar Mixail, quando la instalacion de su padre al
Patriarcado: desde la Iglesia iba el Patriarca en
procesion al palacio del Tzar, y se sentaba con
él á la mesa: acabada la comida saludaba el Patriarca al Soberano, é iba acompañado de un gran
séquito á dar la vuelta del *Kremle* (uno de los quatro barrios de Moscof), montado en un asno que
un Boyar (Señor) llevaba agarrado por el freno, y
á falta de asnos se servian ordinariamente de un
caballo, todo cubierto de lienzo blanco, al que le
ponian unas grandes orejas: despues de esta procesion volvia el Patriarca á ocupar su asiento en
la mesa del Tzar, en la que se bebia á la salud
del Soberano, de su Esposa y á la del nuevo Patriarca: los dos siguientes dias repetia el Patriarca
su procesion sobre el asno por los diferentes barrios de la ciudad, cuya ceremonia se hacía todos
los años el dia de Ramos, y todos los Obispos la
hacian igualmente en sus respectivas residencias.
No sé si los Tzares, como lo han afirmado muchos Autores, iban ellos mismos teniendo por el freno al asno, pero creo que jamas llegó á suceder
esto; á lo menos el Tzar Mixail no se encargó de
esta funcion quando la instalacion de su padre *Phi-
lareta*, ni á la de *Yoasaf* en 1634, ni á la de *Yo-
sef*

sef en 1642. El Tzar Alecsey se quedó en su palacio mientras los Bóyaros conducian por el freno el asno que llevaba al Patriarca Nicon en 1652.

Desde la creacion de un Patriarca en Rusia fué tomando mucho aumento la autoridad de este Xefe de su Iglesia; de manera, que despues del Tzar era él la primera persona del Estado: los Rusos le tenian una sumision y veneracion grande, y aun el mismo Emperador le guardaba un profundo respeto. Participaba tambien este Prelado, y tenia grande influencia en los negocios concernientes al gobierno del Estado, y llegó á ser tanta, que sin su aprobacion y dictamen no se podia declarar la guerra ni hacer la paz. Esta especie de dominio, junto con la obstinacion y general ignorancia de estos Prelados, hizo que muchas veces se opusieran por solo capricho, y se revocasen las resoluciones que se habian tomado en el Consejo de Estado, lo que en diferentes ocasiones comprometió y puso en grande embarazo á los Tzares. Pedro I. luego que murió el Patriarca Adriano, dexó vacante el Patriarcado, y remedió de esta manera un abuso tan perjudicial: el Prelado que quedó interinamente encargado del gobierno Eclesiástico, tenia unos poderes sumamente limitados; y esta-

taba obligado á dar cuenta de todo al Emperador:
éste, luego que fué acostumbrando al Clero y á la
nacion á esta novedad tan grande, abolió enteramente la dignidad de Patriarca en Rusia, despues
de haberla tenido veinte años vacante, y confirió
el gobierno de los negocios Eclesiásticos á una especie de Junta, que creó compuesta de Eclesiásticos con el nombre de *Santo Sínodo.* Este Tribunal
se compone de un Presidente, de dos Vice-Presi-
dentes, de quatro Consejeros y de quatro Asesores;
estos juzgan y deciden en todo lo perteneciente á
blasfemias, heregías, los Rascolnikí, la adivinacion,
las discordias y demas causas concernientes á los
matrimonios: todos estos Jueces juntos no reunen
la mitad del poder que tenia el Patriarca solo, y
estan enteramente sujetos á la voluntad del Soberano, como se verá por el juramento que hacian
quando los nombraban miembros del nuevo Tribunal, y es cómo sigue : *Juro de ser el mas fiel y su-*
miso vasallo de mi legítimo y natural Soberano, y lo re-
conozco como Juez Supremo de este Tribunal espiritual.

Pheofano Prokopowitch, Arzobispo de Nowogorod,
hombre de muchas luces y conocimientos, fué quien
ayudó á Pedro I. en esta operacion tan delicada.
Con tales disposiciones adquirió este Emperador un

P

poder mas absoluto é ilimitado que el de los Soberanos del oriente, pues era á un mismo tiempo Xefe de las leyes, de la religion y del Estado.

La dignidad de Metropolitano es la principal
que ha quedado en Rusia, desde que se hizo la ex-
tincion de la de Patriarca; á éste le succeden los
Arxirey, ó Arzobispos y Obispos. Los Eclesiásticos no estan en Rusia subordinados los unos á los
otros, como entre los Católicos Romanos, y la autoridad del Santo Sínodo se estiende sin excepcion
alguna sobre todos ellos. El mismo poder tiene un
simple Cura, que un Obispo en sus respectivas *Eparxías*, que es el nombre que dan los Rusos á las
Diócesis.

Las elecciones y promociones del Clero, dependen únicamente de la voluntad del Soberano;
hay 32 *Eparxías*, y luego que vaca alguna de estas, el Santo Sínodo presenta al Tzar dos candi-
tados, de los que regularmente elige el uno.

La distribucion del Clero inferior es en *Proto-
Popes* ó Arci-Prestes, en *Popes* ó Curas, y en Diá-
conos; á estas tres clases inferiores les es permitido el casamiento siempre que sea con doncella, segun lo dispuesto por un congreso tenido en Moscof en el reynado de *Iwan Wasiliewitch* en 1502,

pa-

para reformar la vida de los Eclesiásticos. Luego que estas tres clases inferiores vienen á enviudar, tienen que meterse Frayles (Yeromonas) ó renunciar el estado Eclesiástico. Todo este Clero está reputado por Secular; los Eclesiásticos superiores estan sujetos al celibato. Todos llevan barbas, el pelo tendido, los hábitos muy largos, y un bonete negro sobre la cabeza, del qual pende un gran pedazo de la tela hasta las espaldas, ó un sombrero redondo. El vestido tambien largo, que los Curas inferiores llevan fuera de la Iglesia, es comunmente azul ó verde.

En Rusia hay 479 Conventos de Frayles y 74 de Monjas, y por consiguiente el número de Religiosos es bastante crecido. La dignidad de *Argimandrita* es mayor que la de Prior, pues tiene á su cargo uno ó diferentes Conventos. Los Superiores de los Conventos de Frayles se llaman *Igumen*, y las Abadesas de los de Monjas, *Igumenias*.

En vista de la mucha gente moza que se encerraba en los Conventos, mandó Pedro I. que ningun hombre pudiese ser admitido Frayle si no tenia la edad de 30 años cumplidos, y las mugeres de los 50 para arriba : despues de su muerte la costumbre es, que pueden entrar desde los 25 años:

to-

todo el Clero Ruso, tanto Secular como Regular, no se distingue por sus talentos, pues se contentan con saber leer malamente, y con aprender de memoria algunos formularios. La vida austéra de estos, es mas bien un efecto de su ignorancia, que de su devocion; pues particularmente los Curas inferiores entran en las tabernas, se embriagan y van dando escandalo por las calles, quando debieran dar exemplo.

Los Frayles se abstienen enteramente de todo alimento de carne, pescado, manteca, huebos, leche, queso, &c.

Pedro I. por un efecto de su mucho talento y conocimientos, y convencido de que en todo país bien ordenado, la educacion nacional es en la que todo buen Soberano debe poner su principal atencion, estableció primeramente en todos los Monasterios, una escuela pública, y confió la enseñanza de la juventud á los mejores Eclesiásticos. Aquí se enseñaban á cada uno las primeras letras y conocimientos que les podian ser útiles para qualquier establecimiento ó estado. Para esto no ahorró este sabio Monarca ningun trabajo ni gasto, particularmente en la adquisicion de buenos libros, y de esta manera llegó á sacar á sus vasallos del esta-

do

do de salvages en que hasta allí habian vivido, y
á poner con tanta rapidéz á la nacion, en la posicion que hoy admiramos.

Hace poco tiempo que el Clero de este Imperio poseía unas haciendas muy considerables, de
las que eran únicos propietarios. Pedro III. y en seguida su Esposa Catalina II. que hoy reyna, se de-
terminaron á tocar un punto tan delicado como éste, y á apropiarse todos estos bienes raices, sin
temer las malas resultas que esta empresa pudie-
ra haber tenido. La Emperatriz los ha despojado
enteramente de ellos, y en su lugar les subministra ciertas pensiones, á la verdad proporcionadas
y arregladas á las dignidades y estado santo de estos Pastores; pero no suben estas á la décima parte de lo que anteriormente les rendian sus haciendas. Desde entonces un Arzobispo tiene 7ʮ rublos
al año de pension, lo que parece suficiente, pues
un Feld-Mariscal casi no tiene otro tanto; rebaja-
das las pensiones que obtiene el Clero de lo que
rinden anualmente sus bienes, le queda á la Emperatriz una suma de 300ʮ rublos, á los que dan actualmente una loable inversion, empleando su pro-
ducto en socorrer á las infelices viudas é inválidos, y en la manutencion de Hospitales, y de

otros

otros establecimientos públicos y caritativos.

10.º

Del Gobierno.

La autoridad de los Soberanos de la Rusia ha sido casi siempre ilimitada, y la forma del Gobierno es conforme á el despotismo de los Príncipes Asiáticos. Nunca ha habido en este Imperio establecimiento alguno, ó Tribunal autorizado, ya por costumbres antiguas, ó ya por la libre eleccion del pueblo, como lo son: el Parlamento actual de Inglaterra, y el que anteriormente habia en Francia para limitar la voluntad arbitraria de los Soberanos; y así en Rusia los bienes y las vidas de los vasallos estan enteramente á la disposicion de los Tzares. Estos han sido siempre de tal manera temidos y venerados del pueblo, que tenian antigüamente un proverbio que decia: *Bog y Tzar Cnaiut* (Dios y el Tzar lo saben).

Las sentencias criminales eran antes sumamente rigurosas, particularmente las que se daban contra los sediciosos. El delito de lesa-Magestad era el que mas cruelmente se castigaba; y así se ha visto, que doce Sacerdotes acusados de este grave delito, fueron

ron sentenciados por Iwan el Cruel en 1515 (sin embargo del gran respeto que entonces tenian á este estado) á pelear contra los Osos, y fueron despedazados por estos animales feroces. Esta crueldad, propia de un tirano, era efecto del gran miedo que este Emperador tenia á las muchas conspiraciones que tramaban contra su vida, que son las regulares resultas del despotismo; y así el referido Iwan, para impedir los desórdenes y asegurar su vida, estableció un Tribunal, al qual le dió el nombre de *Chancillería de la Inquisicion secreta.* La simple acusacion de una sola persona, aunque ésta fuese de la clase mas inferior del pueblo, era suficiente para hacer arrestar como preso de Estado al hombre del mayor carácter y distincion, y era castigado inmediatamente por sentencia del nuevo Tribunal. Si el acusado se obstinaba en negar, ponian al instante al acusador en la tortura; pero si éste sostenia la acusacion y sufria los tormentos, el reo era castigado sin misericordia, y al instante se le hacía su causa en secreto, y de una manera hasta allí inusitada. Una sola accion, una sola palabra dicha por ligereza ó en la embriaguez, eran suficientes para autorizar las sentencias de esta Chancillería.

La

La única cosa en la que la absoluta voluntad del Soberano Ruso estaba de algun modo limitada (pues no queremos referir constituciones antiguas, cuyo uso ha sido abolido por el tiempo, y que solo eran concernientes á la indivisibilidad del Imperio Ruso) era, que por la última Ordenanza de Catalina L en 1726, se establece: "que nadie pueda »subir al Trono Imperial, si no es de la religion »Griega, y poseyese ya algun otro reyno." Esta misma Ordenanza fué despues confirmada por su succesora la Emperatriz Isabel; y en virtud de ella, quando Pedro III. subió al trono de la Rusia, entró en la Iglesia Griega y renunció la corona de Suecia.

11.º

De la succesion al trono.

Habia antiguamente una costumbre por la que los hermanos de los Soberanos eran preferidos á los hijos en la succesion al trono, pues los Rusos querian ser gobernados por uno de sus Príncipes á quien el tiempo hubiese dado experiencia ; pero quando el derecho era dudoso , se hacía una eleccion , y muchas veces fué electivo el trono.

El

El Gran Príncipe Iwan I. nombró por succesor suyo á su hijo segundo Basilio, excluyendo al mayor, y á su hermano *Dmitri*.

Pedro I. hizo otro tanto con su hijo mayor Alecsey, al que le costó la vida estar en desgracia de su padre; pero estos eran casos extraordinarios, que no trastornaban la constitucion del Imperio en quanto á la succesion al trono.

Luego que murió el hijo menor de Pedro I. mudó este Emperador enteramente la antigua constitucion, por una nueva ley promulgada en 1722, en la que expresaba: "que el derecho de nombrar un »succesor al trono, quedaba al arbitrio y volun- »tad del Soberano, y el de revocar este nombra- »miento quando quisiese, poniendo á otro en lu- »gar de aquel que creyese incapáz ó inhábil para »reynar."

Los Rusos juraron esta ley prometiendo al mismo tiempo una entera sumision á todo Soberano, que de esta suerte llegáse á subir al trono.

Esta disposicion ignorada en Europa, no ha sido generalmente agradable ni favorable á los Rusos. Pedro I. debió tomar seguramente este nuevo método del gobierno de la China, y sin querer obscurecer su memoria, no se puede disimular que es-

Q   ta

ta Ordenanza ha sido la causa de las violentas y crueles revoluciones que desde aquel tiempo han destruido la Rusia.

Murió Pedro I. sin dexar nombrado al que debia succederle, ya fuese por no haberlo tenido aún resuelto, ó porque la muerte le alcanzó inesperadamente; y así quedó en duda quién subiria á ocupar el trono. Parecia que la succesion debería ser (una vez que este Príncipe no habia dexado nada resuelto sobre ella) conforme al antiguo método, así como en caso de muerte *ab intestato*, la herencia va á los herederos mas cercanos. En Rusia se miró este asunto de muy distinta manera, pues aunque la mayor parte de la nacion miraba al Gran Príncipe Pedro, hijo del desgraciado Alecsey, como el heredero natural del trono, por ser éste el mas cercano y el único varon que habia, se formó sin embargo de esto un poderoso y temible partido, que impidió su elevacion, y al cabo de muchas discordias llegó á poner el cetro en manos de Catalina, viuda del Emperador: este partido fué sostenido por el famoso *Menschikof* (1), sirviendose para su intento del mejor y mas

efi-

_____

(1) *Menschikof*, compañero y favorito de Pedro I. y uno

de

eficaz de todos los medios , qual es el dinero , con el
que pudieron ganar á los principales Nobles y Eclesiásticos , y á los tres regimientos de Guardias , los
que llegaron á proclamarla Emperatriz de todas las
Rusias ; y así se dió el Imperio á una persona que
nunca habia sido llamada á la succesion.

La nueva Emperatriz , guiada en un todo por
las medidas del ambicioso Menschikof, nombró al
instante por succesor suyo al Príncipe Pedro , á quien
acababa de disputar y quitarle la corona : y en caso que éste llegáse á faltar , ó á no dexar succesion,

de sus mejores Generales , habia nacido en las últimas clases de la Sociedad , pues su oficio habia sido vender paste-
les por las calles de Moscof. El Tzar , que lo encontraba á
menudo , le agradó su fisonomía alegre y desembarazada , y
le concedió su proteccion llevandolo siempre á su lado. Despues fué elevado por el Emperador Leopoldo á la dignidad
de Príncipe del Santo Imperio Romano , y casó á su hija
con el Emperador Pedro II. Durante el corto reynado de este jóven Emperador Menschikof se apoderó de las riendas del
Gobierno , y se hizo aborrecer de la nacion por su demasiada ambicion y altanería. Sus enemigos consiguieron por
último su ruina , y fué arrestado y conducido á *Berezof* , en
uno de los climas mas rigurosos de la Siberia , donde murió poco tiempo despues en la miseria.

sion, debería pasar el trono Ruso á la Duquesa de *Holstein*, hija mayor de la Emperatriz Ana, y á sus descendientes, y dado caso que estos tambien faltasen, á la hija menor de Catalina : con la condicion de que siempre habia de ser preferida la línea masculina á la femenina.

Pedro II. mandó juntar todas las leyes anteriores concernientes á la succesion al trono, y las remitió al Senado de Petersburgo y á la Secretaría de Estado de Moscof, para en conseqüencia nombrar su succesor ; mas esto no tuvo efecto, pues á poco tiempo murió sin haberlo dexado declarado.

Parecia entonces que el jóven Príncipe *Carlos Ulrico de Holstein*, que representaba á su difunta madre, debería subir al trono en virtud del último testamento de la Emperatriz Catalina ; pero los miembros de Consejo privado hicieron poco caso de estos derechos, y con pretexto de que la línea masculina de la casa reynante se habia acabado, fueron á buscar una Soberana entre los descendientes del Tzar Iwan I. hermano mayor de Pedro I. y prefirieron á la hija menor Ana, Duquesa de Curlandia, á la mayor, que era esposa del Duque Carlos Leopoldo de Meclemburgo ; y este es otro exemplo de haber subido al trono una perso-

na

na que no fué llamada á él por disposicion del último Soberano.

La Emperatriz Ana refiriendose á las Ordenanzas de Pedro I. hizo al principio de su reynado
prestar juramento á los Rusos, que reconocerian
por succesor suyo al que ella tuviese á bien de
nombrar, y que aprobarian en un todo lo que ella
dispusiese. En seguida de esto casó á su hermana,
viuda del Duque Carlos de Meclemburgo (que desde que se hizo de la Iglesia Griega llevaba el nombre de Ana), con el Príncipe *Antonio Ulrico de
Brunswick*, y se creyó que esta Princesa sería la
succesora al trono; pero sucedió lo contrario, pues
la Emperatriz nombró al Príncipe Iwan, hijo de
este matrimonio, que tendria apenas dos años, y
á falta de éste á los demas hijos que la Princesa
Ana pudiese tener, siguiendo el órden de la primogenitura.

En tiempo de la menor edad del Emperador
Iwan VI. Biren (1), Duque de Curlandia, fué nom-
bra-

_____

(1) Ernesto Juan de Birén, Gentil-Hombre de Cámara
de la Emperatriz Ana y de un nacimiento obscuro, pasó
desde Curlandia á Rusia con esta Princesa en 1730, en donde obtuvo el título de Conde: fué condecorado con el Cor-
don

brado Regente. La madre del jóven Emperador, excluída del Trono y del Gobierno, tramó despues una conspiracion contra Birén, y se hizo declarar Gran Duquesa de Rusia y Regenta; pero no contenta con esta dignidad, resolvió hacerse proclamar Emperatriz de todas las Rusias, lo qual no llegó á tener efecto, pues lo impidió la arriesgada empresa de la Princesa Isabel, hija menor de Pedro I., la que sostenida por las Guardias llegó á apoderarse del trono, cosa que le fué fácil en vista del estado indeciso en que se hallaba la succesion á él. La Emperatriz Isabél nombró por su succesor al Duque de Holstein, hijo mayor de su hermana, el qual tenia seguramente mas derecho

al

<hr/>

don de San Andrés, y electo Duque de Curlandia en 1737. Valído de la proteccion de la Emperatriz cometió mil crueldades, siendo víctimas de su ambicion mas de 20⑨ personas que hizo morir en los suplicios ó desterradas á la Siberia. Por sus íntrigas se hizo dar la Regencia del Imperio en 1740; pero ésta la conservó poco tiempo, pues fué arrestado por la Princesa Ana y conducido á la Siberia con su Esposa, en donde estuvo hasta el reynado de Pedro III. que le levantó el destierro, y despues fué restablecido en su Ducado de Curlandia por Catalina II. en 1763.

al trono que ella , y el que en efecto despues de la muerte de esta Emperatriz lo obtuvo y fué proclamado Emperador en 1762 , con el nombre de *Pedro III.* Este no poseyó mucho tiempo la Corona , pues pasó á la cabeza de su esposa *Catalina II. Alecseyewna* , Princesa de *Anhalt-Zerbst* , que hoy dia reyna. Pedro III. iba á cambiar enteramente el órden de succesion , nombrando por su succesor á su tio el Duque Jorge de Holstein , declarando al mismo tiempo por ilegítimo al hijo que tenia de Catalina , y queriendo encerrarlo con su madre en una Ciudadela ; pero todo esto no tuvo efecto, pues ésta se hizo muchos partidarios , y supo ganar á los soldados de Guardias que la proclamaron Emperatriz , y acompañada de ellos y del Príncipe de Orlof , fué á *Oraniembaum* , donde su esposo se hallaba , el qual fué arrestado , y al cabo de ocho dias publicaron que habia muerto de resultas de un cólico.

Desde el reynado de Pedro I. hemos visto, que quatro Emperatrices han subido al trono Ruso por vias extraordinarias , en las que han tenido particular influencia los Regimientos de Guardias , cuyo poder llegó al punto de ser ellos solos los que decidian la suerte del Imperio.

Por

Por todo lo que acabamos de exponer se ve claramente, que sin embargo de las leyes antiguas del Imperio, segun las quales la succesion al trono pertenecia solo á los varones, ha quedado ésta, y es enteramente arbitraria é igual á entrambos sexôs.

Los Grandes de la Rusia han procurado, é intentado muchas veces el poner ciertos límites á la absoluta voluntad de sus Soberanos; y así luego que subió al trono la Emperatriz Ana, viuda del Duque de Curlandia, creyeron estos haber encontrado una ocasion favorable para realizar sus ideas. En efecto, ocho de los mas principales Señores, que eran miembros del Consejo privado, obligaron á esta Emperatriz á ciertas condiciones, y declararon: "que dicha Soberana no podria resolver ”nada sin la prévia aprobacion de este Consejo, y ”sin la qual no se podria declarar la guerra, ni ”hacer la paz: echar contribuciones á la nacion, ni ”dar los principales empleos: ningun noble debe”ría ser castigado, ni se le podrian confiscar sus ”bienes hasta que no se le hubiese hecho su causa ”en las formas debidas: los bienes de la nacion ”no podrian ser enagenados sin el consentimiento ”de dicho Consejo privado, el que tambien debe”ría entender en los casamientos de los Emperado
”res,

„res , y en la succesion al trono." Todo esto irritó
mucho á la Emperatriz , la qual , valiendose de la po-
lítica , se sujetó al principio á todas estas condiciones ; pero luego que se vió bastantemente afirmada
en el trono , hizo pedazos dicho convenio y anuló todas sus cláusulas. Desde entonces ha quedado
en Rusia el poder del Soberano enteramente absoluto , como en tiempo de Pedro I.

Pedro III. y en seguida su esposa Catalina II.
han declarado á la nobleza Rusa independiente , y
le han concedido los mismos privilegios que goza la
nobleza de Livonia , y la de los demas países conquistados en la Europa , permitiendoles al mismo
tiempo que vayan á viajar y servir en los países
Estrangeros , lo que antes estaba prohibido de muerte. Tambien suprimió este Emperador la Chancillería de la Inquisicion secreta , de que se ha hablado.

La Emperatriz reynante , Catalina II. , ademas
de las sabias reformas y nuevas instituciones que
ha hecho en su Imperio , de las que hablarémos en
la continuacion de esta Obra , ha hecho tambien
un servicio muy grande á su nacion , aboliendo la
ley de Pedro I. sobre la succesion al trono ; ley
destructiva , que hubiera sido la ruina de su Imperio , y con el tiempo la succesion hereditaria al

R   tro-

trono será una ley fundamental.

Todos los rigores y crueldades del antiguo Gobierno se van ya olvidando con la dulzura y humanidad del actual, y los Rusos van experimentando alguna tranquilidad, y se les hace menos penosa su esclavitud. Es constante, que desde que la Emperatriz reynante subió al trono de la Rusia, no ha habido mas que dos malhechores que hayan sufrido la pena capital, y para prueba de la singular humanidad de esta Princesa, basta saber el moderado suplicio que mandó dar al famoso rebelde *Pugatschef.*

La rebelion de este Cosaco, que ha fixado mucho tiempo la atencion de la Europa, y que ha causado tantos males á la Rusia, nos parece digna de referir.

En 1772 *Yemelka Pugatschef*, Cosaco del Don, despues de haber hecho varias campañas contra la Prusia y la Puerta Otomana, pidió su retiro y se pasó á Polonia, en donde se vió reducido á pedir limosna. Este miserable estado, en vez de abatir su espíritu vivo é inquieto por naturaleza, le irritó de manera, que resolvió ir á sublevar á los Cosacos del Yaic, á quienes halló ya dispuestos á la rebelion. Pugatschef dixo, que él era el Emperador

dor Pedro III. que creían había sido asesinado por
su esposa. Parece increíble que un salvage sin conocimientos ni educacion, y que solo hablaba la
lengua Rusa, tal como se habla entre los Cosacos,
hubiera llegado á persuadir, que él era Pedro III.
Príncipe tan conocido por su figura, su voz y ges-
to, que con la misma facilidad se explicaba en
Francés, en Alemán, que en Ruso, y con quien
Pugatschef no tenia la menor semejanza. La primera empresa de éste no tuvo efecto alguno, pues
fué arrestado y conducido á Kazan, donde tuvo
medio de escaparse de su encierro, y llegó otra vez
á juntarse con sus compañeros, que erán ya en bastante número, para intentar una empresa contra la
eludad de Yaic, á cuyo Comandante le envió un
manifiesto en nombre de Pedro III., al qual respon-
dió este Oficial mandando salir un destacamento
de la guarnicion, que obligó á Pugatschef, despues de una corta resistencia, á huir y dirigir sus
pasos ácia Oremburgo; en el camino tomó varios
fuertes pequeños, y llegó á las puertas de esta ciudad antes que se supiese en Petersburgo la rebelion de los Cosacos. En 1773 envió el Gobierno contra ellos al General *Bibikof*, que murió poco despues de que el Príncipe de *Galitzin* derrotáse á los re-

bel-

beldes junto á la Fortaleza de *Catischeva*. Pugatschef fué considerablemente reforzado con *Baschkiros*,
desertores, y gente de las minas; pero fué segunda vez destrozado por el Príncipe de Galitzín. Todas
estas derrotas no abatieron al intrépido Pugatschef,
el qual, dueño de las minas de Oremburgo, hizo
fundir cañones de todos calibres y se puso en estado de defensa. El Coronél *Migelson* consiguió algunas ventajas infructuosas sobre Pugatschef, que
formó otro designio y se dirigió contra la ciudad
de Kazan, de cuyos arrabales se apoderó y les puso fuego: en seguida de esto, tomó á la ciudad de
Saratof, que fué un teatro de horrores y crueldades: todos sus habitantes, de todos sexôs y edades,
fueron degollados por el rebelde. Su exército fué
poco despues nuevamente derrotado por Migelson,
y él tuvo que escaparse con muy poca gente, y
se metió en los desiertos que hay entre el Volga y
el Yaic: éste fué el fin de su reynado, ó por mejor decir, de sus latrocinios: sus mayores confidentes conspiraron contra él, lo arrestaron y fué conducido á *Simbirsk*, de donde lo envió el General
de esta ciudad á Moscof, metido en una jaula de
hierro. Inmediatamente se le formó su causa, y
fué sentenciado á ser desquartizado, y sus miembros

bros expuestos sobre las murallas de Moscof. La Emperatriz le perdonó el delito de lesa-Magestad, y moderó de esta manera el rigor de su suplicio.

Son incalculables las pérdidas que en todas especies sufrió la Rusia por la rebelion de Pugatschef: mas de 300y hombres murieron, ya en los suplicios, ó en los combates contra los rebeldes, y los Turcos con quienes se hallaba entonces la Rusia en guerra.

La Emperatriz actual ha abolido por un Ukas (Ordenanza) el nombre del rio Yaic, que nace en los montes de Ural, y le ha puesto el de *Uralskaya-Reka* (rio de Ural). La ciudad de Yaic se llama actualmente *Uralsk-gorod*, y los Cosacos del Yaic, *Uralsk-Kasaky*.

12.º

De las leyes.

EN tiempo de la Administracion de Oleg en 879 tenian ya los Rusos sus leyes; y así algunos Historiadores de esta nacion se han equivocado en atribuir las primeras que hubo en Rusia á Yaroslaf, que reynó un siglo despues de Oleg. Las leyes que Yaroslaf dictó á los habitantes de Nowogorod, sien-

do

dô mejorés que las antiguas, lo han hecho mirar como el primer legislador de la Rusia : no me parece inútil el citar aquí algunas de ellas , pues la legislacion de un pueblo conduce al conocimiento de sus costumbres.

En virtud de estas leyes los delitos se indultaban á fuerza de dinero: los parientes de un hombre asesinado , podian recibir la suma de 40 *griw-nes* (1) fixada por la ley ; y si no consentian en vender la sangre del muerto , tenian derecho de quitar la vida al facineroso. Una ley muy semejante

á

(1) Segun las Crónicas Rusas , en el reynado de Wasili Dmitriewitch en 1391 , fué quando se empezó á labrar moneda en Rusia. La griwne era en lo antiguo un cierto peso efectivo de plata; y así el comercio con los Estrangeros se hacía en cambio de otras mercaderías , ó por oro ó plata tomado al peso y no como moneda. Para los usos comunes de la vida tenian por moneda corriente unos pedazos de piel de Marta , que llamaban *mortky* , y para el por menor se servian de frentes de Ardillas , y segun otros tambien de medias orejas de estos animales , que valian poco mas de un ochavo de nuestra moneda.

Las ciudades de Moscof y Tewer fueron las primeras que usaron de una moneda Tártara llamada *denga* , de la palabra Tártara *tanga* , que significa señal.

á ésta existe aún entre los *Kirguisos*.

El que habia quitado un brazo á otro, estaba sujeto á la misma multa que el asesino, pues para un pueblo laborioso y guerrero, la falta de brazos era igual á la de la vida. Por haber cortado un dedo, solo costaba tres *griwnes*, porque la falta de un dedo no impedia poder trabajar y hacer uso de las armas; pero costaba tres veces mas el cortar á uno las barbas y los bigotes, porque como las barbas son la señal mas aparente del sexô viríl, era deshonrar á unos hombres todos soldados el privarlos de ellas; porque era á su parecer tratarlos como cobardes, y se creían reducidos al estado mugeril.

Nadie podia ser Juez de su propia causa; tenian que buscar doce hombres para que la juzgáran, y al acusado le daban cinco dias para su defensa: El ladron tenia que restituir lo robado, y pagaba una multa de tres griwnes.

Iwan Vasiliewitch III. conoció que su Imperio necesitaba nuevas leyes, pues estaba convencido de la insuficiencia de las antiguas. A conseqüencia de esto, mandó convocar á los Diputados de la nobleza, y en virtud de sus dictámenes formó el Código que llaman *Sudebnic*, cuyo título se podia tra-

du-

ducir por el de Manual de Jueces. Este Código estaba muy imperfecto; pero al fin era mejor que
las leyes que hasta entonces se habían seguido. Iwan
no pudo sin embargo corregir una costumbre bár-
bara, que la antigüedad habia consagrado, que
eran los combates judiciales.

En 1650, el Tzar *Alecsey Mixailowitch* publicó
su Código intitulado: *Suborova-Uloschenie*, que fué
seguido en Rusia hasta el presente reynado de Catalina. En este Código hay á la verdad algunos
yerros, pero no por eso dexa de ser digno de admiracion el Príncipe que lo compuso, pues quando
apenas las luces de la razon penetraban en su Imperio, quiso dar á sus pueblos unas leyes funda-
das sobre su situacion, sus ideas religiosas, sus
usos, costumbres y forma de su gobierno.

Segun las leyes antiguas de la Rusia, los hijos hacian una particion igual de la herencia de sus
padres. Pedro I. mandó por una Ordenanza en 1715,
que los bienes raices, propios ó adquiridos, pasa-
sen al hijo que su padre juzgáse mas digno de ellos,
y que señaláse por su testamento sin atender al
derecho de primogenitura; y que los bienes muebles se repartiesen entre los otros hijos de ambos
sexôs, segun la voluntad de los padres. Un padre
que

que no tuviese mas que dos hijas, debia elegir entre ellas una heredera de los bienes raices. El que no dexaba posteridad alguna, podia nombrar heredero de sus bienes raices, entre sus parientes ó fuera de su familia. Esta ley, cuyas principales disposiciones acabamos de referir, contenia algunas cláusulas demasiado fuertes, y aun contrarias á la justicia.

Pedro I. no formó ningun Código de leyes, como lo han asegurado muchos Autores.

La actual Emperatriz Catalina II. estableció una comision para formar un nuevo Código, á cuyo efecto todas las provincias, y aun hasta los pueblos bárbaros, tuvieron órden de enviar sus Diputados á Moscof. Esta Soberana publicó en el mes de Julio de 1767 unas instrucciones escritas, segun dicen de su propia mano, para la composicion de este Código; en las que han lucido mucho sus talentos y humanidad.

13.º

De los Títulos, Blasones y Ordenes.

LA Rusia estaba antiguamente dividida en diferentes Estados, y cada uno de ellos era gobernado do por un Príncipe independiente, que llamaban *Veliki-Kniaz*, ó Gran Príncipe.

Iwan I. fué quien introduxo en el Imperio, y se dió á sí mismo el título de Soberano de la Rusia.

Basilio, hijo de Wladimir, sobstituyó á aquel título el de *Samoderschetz* ó *Autocrator*, que aún usan.

Iwan III. Wasiliewitch el Cruel, luego que en 1547 se hizo coronar solemnemente de edad de 16 años, tomó al mismo tiempo el título de Tzar, que ningun Soberano de la Rusia habia llevado hasta entonces. Los Soberanos Tártaros se llamaban *Kans*, y los Rusos han cambiado esta palabra por la de Tzar, nombre que antiguamente daban á los Emperadores de Constantinopla, y puede que fuese para sostener este título, que Iwan III. se hizo coronar con la Corona que decian habia sido de Constantino Monomaco, Emperador de Constantinopla.

Despues de la paz de *Neustadt* en 1721, el Senado y el Clero dieron á Pedro I. los títulos de *Emperador* y de *Padre de la patria*. La Alemania, la Francia, la España y la Prusia, lo felicitaron en esta calidad, y despues casi toda la Europa le con-

concedió este título que la Inglaterra y la Holanda le habian ya dado despues de la batalla de *Poltava* en 1709.

Los Soberanos de la Rusia habian llevado hasta entonces el nombre de Tzar, al que le habian agregado el de *Povelitel*, que literalmente corresponde al de Emperador; pero Pedro I. siguiendo su carácter reformador, quiso explicar la misma cosa con una palabra latina, y así los Rusos dicen ahora *Imperator*.

Los hijos de los Tzares eran antiguamente llamados *Tzarewitch*, que quiere decir hijo del Tzar; actualmente se llaman *Veliki-Kniaz*, Grandes Príncipes, y no Grandes Duques, como los llaman comunmente en Europa; pues el título de Duques fué enteramente desconocido de los antiguos Rusos, y hoy dia solo lo dan á los Estrangeros. La esposa del Tzar la llamaban *Tzaritza*, y las hijas *Tzarewna*.

Todos los Rusos, despues de sus nombres, tienen la costumbre de poner el de sus padres, como por exemplo: *Peter Mixailowitch*, Pedro hijo de Miguel; *Alecsander Iwanowitch*, Alexandro hijo de Juan. La terminacion en *itch*, expresa el estado noble; y la de *of*, el estado plebeyo: *Iwanowitch*, hijo de

un

un noble, llamado Iwan ó Juan, y *Cirilof*, hijo de un plebeyo llamado Cirilo.

El Tzar *Iwan Wasiliewitch I.* para asegurar el trono á su nieto *Dmitri*, hizo coronar á este Príncipe, que sin embargo no llegó á reynar; y esta es la primera vez que las Crónicas Rusas hablan de la ceremonia de la Coronacion. Esta se hacía antiguamente con la mayor magnificencia y aparato; y era regularmente en la Catedral de Moscof, que es el lugar señalado para la Coronacion. En medio de la Iglesia construían un trono para el Tzar, al que se subia por doce gradas, y todo estaba cubierto de terciopelo bordado de oro y piedras finas: la silla del Patriarca estaba puesta al lado izquierdo del trono, pero no tan ricamente adornada : antes que el Tzar fuese á la Iglesia, ya habian llevado de Palacio, en grande ceremonia, las insignias Imperiales, y una cruz de oro, en la que habia engarzado un pedazo de la verdadera cruz, segun creían. Despues de haber recibido la bendicion del Patriarca con la verdadera cruz, el Tzar y este Prelado se daban mutuamente un beso, y subian juntos á su asiento. Sentado el Tzar hacía un discurso, al que respondia el Patriarca, y en seguida traían el manto, la corona y demas ador-

nos

nos Imperiales, con los que iban decorando al Tzar, y entonces recibia la enhorabuena del Clero, á la que respondia inclinando la cabeza.

Despues de la consagracion, el Patriarca daba al Príncipe la Santa Uncion en las orejas, en los labios, en los dedos, en el cuello y en las espaldas, diciendo á cada uncion estas palabras: *este es el sello y el don del Espíritu Santo*. Las estopas, con las que enjugaban el Olio Sagrado, las quemaban inmediatamente sobre el Altar; y el Tzar no podia lavarse las partes untadas hasta pasada una semana. El dia de la coronacion daba el Tzar un explendido banquete al Patriarca, á todo el Clero y á la Nobleza.

No menos solemne y brillante era la ceremonia del casamiento de los Tzares. Luego que estos habian determinado casarse, el primer paso que daban, era pedir el consentimiento al Patriarca, el que, como es natural, jamas lo negaba. Despues mandaba á los Bóyaros que hiciesen venir sus hijas á Moscof, y para recibirlas construían un grande edificio muy bien adornado. El dia señalado para la eleccion, iba el Tzar á este Palacio acompañado de un Boyar, y se sentaba en un trono que habia ya preparado. Entonces todas las jóvenes compepetidoras iban presentandose una á una delante del trono, y el Tzar echaba un pañuelo, bordado de oro, perlas y brillantes, sobre el pecho descubierto de la que elegia, y mandaba repartir dinero y tierras á las demas.

Los blasones del Imperio Ruso han variado en diferentes ocasiones; y desde que Moscof se hizo la residencia de los Soberanos, las armas de esta Capital han sido las de todo el Imperio: estas son un Caballero de plata, en campo de Gules; al que agregó el Gran Príncipe Demetrio un Dragon debaxo del Caballo, en memoria de la batalla que ganó á los Turcos. Iwan I. introduxo en el Imperio la Aguila doble, que es el blason del Imperio Romano; y desde entonces no han variado. La Aguila doble con dos cabezas coronadas en campo de oro, tiene en la garra derecha un cetro de oro, y en la izquierda el globo Imperial, tambien de oro. En el pecho lleva un escudo de Gules, en el que hay un San Jorge de plata: los blasones de los diferentes Estados de la Rusia, estan gravados en las alas de la Aguila, y todo el Escudo está cubierto por una corona Real, cerrada y rodeada del Collar de la Orden de San Andrés.

Esta Orden es la principal del Imperio, y fué

fun-

fundada por Pedro I. para recompensar á los Generales que se distinguieron en la guerra contra
los Turcos : consiste en una cruz de oro esmalta-
da de un azul obscuro, la que por un lado lleva
la figura del Apóstol, y en el otro una Aguila doble ; en los quatro ángulos de la cruz hay escritas estas letras : S. A. P. R. que significan : *Sanc-*
tus Andreas, Patronus Russiæ. Esta cruz está colgada de una banda azul celeste, que pasa por encima del hombro, y los Caballeros llevan una estrella de plata sobre el pecho.

Este mismo Emperador instituyó tambien en 1714
la Orden de Santa Catalina, en honor de su segunda esposa, la que con sus sabios consejos lo sacó del inminente riesgo á que estuvo expuesto en
el campo de *Pruht* : esta Orden se compone de un
escudo de oro con esmalte encarnado, sobre el qual
hay una cruz blanca quadrada, que debe repre-
sentar á Santa Catalina : el escudo pende de una
banda carmesí, con un adorno de plata en el hombro derecho, y una estrella tambien de plata en
el mismo lado. Esta Orden parece superior á la pre-
cedente, pues solo las Emperatrices son las que
lo dan.

La Orden de *San Alexandro Nefsky* trae igual-
men-

mente su origen de Pedro I., pero no se empezó á
distribuir hasta poco despues de su muerte : se compone de una cruz con esmalte encarnado, travesa-
da de una Aguila de oro, en medio de la qual se
ve al Santo á caballo; está pendiente de una banda carmesí, que pasa por el hombro izquierdo, y
los Caballeros llevan una estrella de plata sobre el
pecho.

Catalina II. ha fundado últimamente otras dos
Ordenes, que son la de S. Jorge y la de S. Wladimir: la primera sirve para recompensar á los Militares que se distinguen tanto por mar como por
tierra: se compone de una estrella de oro quadrada, con la cifra del Santo en medio, y la inscripcion *za schlusbe y jabrost*, que quiere decir, por el
servicio Militar y el valor, y una cruz de oro es-
maltada de blanco, en la que está representado
San Jorge á caballo: está colgada de una banda negra rayada de amarillo; la Orden está dividida en
quatro clases, y cada una tiene una pension anual:
la primera lleva la banda al hombro, y la segunda al cuello, y ambas tienen la estrella: la tercera la llevan igualmente al cuello, pero la cruz
no es tan grande; y la quarta en los ojales de la
casaca.

La

La de San Wladimir es una banda carmesí y negra, y está igualmente dividida en quatro clases, con su pension anual cada una, como la de S. Jorge.

La Rusia es seguramente el país donde mas se han esmerado en excitar la emulacion, y en animar á los vasallos al valor y á la gloria, por medio de toda especie de honores, títulos y distinciones: los hombres en Rusia estan divididos en casi tantas clases, como los animales en el sistema de *Linneo*. No hay ninguna Orden Militar para los soldados, pues ni aun los Sargentos obtienen siquiera la de San Jorge; pero los soldados que se distinguen en un combate, en un asalto, en destruir una batería ú otra prueba de valor, se les da por recompensa una medalla que llevan en la casaca, y hay muchísimos soldados que traen tres y quatro medallas de estas.

14.º

De la Nobleza.

Los Nobles no se distinguian anteriormente sino es en ser los unos *Kniaz* ó Príncipes, y los demas simplemente *Dworenin* ó Nobles; pues hasta el reynado de Pedro I. los títulos de Baron y de

T

Con-

Conde, no fueron conocidos en Rusia. El título de
Kniaz ó Príncipe, fué dado mucho tiempo solo á
los descendientes de Rurik, primer Soberano de la
Rusia ; pero desde principios del siglo XIV. muchos Príncipes ó *Murza* Tártaros, se convirtieron
al Christianismo, sometiendose á la Rusia, y conservaron sus títulos. Muchos Kans ó Soberanos Tártaros, que fueron echados de sus Hordas, ó hechos
prisioneros, se bautizaron y se sujetaron á la Rusia ; y á los descendientes de estos se les concedió
el título de Kniaz: en fin, muchos Estrangeros que
iban á Rusia, decian que eran Príncipes en sus
países, y los creían báxo su palabra, y de aquí
viene el gran número de casas condecoradas con
el nombre de *Kniaz*, que hay en Rusia ; sin embargo de ser muy pocas las que traen su origen
de la de Rurik.

Pedro I. y sus succesores han ido aumentando
el número de Nobles, elevando á este estado á
sugetos de la última clase y á muchos Estrangeros ; y desde entonces todo ha tomado una forma
distinta de la que antiguamente habia en Rusia.

La costumbre decidida entre los *Radaslovieliudi*
(Nobles de genealogía) era, que aquel que pudiese presentar una genealogía mas dilatada, y con-

ta-

tase entre sus antecesores algunos hombres grandes que se hubiesen particularmente distinguido en los empleos del Gobierno ó de la guerra, tenian la preferencia sobre los demas; y así como en otros países los Nobles se tienen por superiores á los demas Ciudadanos, aquí los Nobles antiguos se distinguian de los demas, y tenian por desprecio y oprobio obedecer á aquellos á quienes sus abuelos habian mandado. Esta preocupacion general era muy perjudicial al servicio del Estado. Las preferencias y el orgullo altanero que la Nobleza habia adquirido, llegó á punto que de ello resultáse una especie de guerra de precedencia, muy conocida en la Historia Rusa. Para hacer cesar estas discordias tan funestas para la Disciplina Militar, el Tzar *Feodor Alecseievitch* abolió en 1681 enteramente estas preferencias, haciendo quemar todos los árboles genealógicos de la Nobleza, y dexándolos de esta manera á todos iguales. Pedro I. tan conocido por su carácter violento y duro, hizo aun mas que esto, pues anuló todas las dignidades que traían su origen de los títulos de Nobleza, y dependen todas las diferencias de la variedad de grados. Todos los empleados en el Gobierno, desde el primero hasta el último, tienen su carácter corres-

pon-

pondiente á los diferentes grados Militares; pero siempre son estos últimos preferidos á los primeros. El estado siguiente dará mejor á conocer este nuevo reglamento.

El Cancillér tiene el grado de... Feld-Mariscal.
Consejero privado actual.........,.... General en Xefe.
Consejero privado....................,.... Teniente General.
Consejero de Estado actual......... Mayor General.
Consejero de Estado.................... Brigadier.
Consejero de los Colegios.......... Coronel.
Consejero de la Corte....,............ Teniente Coronel.
Asesor &c............................... Sargento Mayor.

Todas estas clases se distinguen tambien por los coches, libreas, y otras señales de esta especie. La Emperatriz actual ha prohibido últimamente, que ningun Militar tenga coche, á menos que no sea Capitan. Pedro I. publicó una Ordenanza, en la que mandaba, que todo soldado que por sus meritos y servicios llegára á obtener el grado de Oficial, adquiriría al mismo tiempo la nobleza para sí y sus descendientes : los hijos de los soldados tienen tambien ciertos privilegios, que les hace adelantar con rapidéz y con preferencia á los demas,

mas, luego que entran en el servicio Militar.

Antes del reynado de Iwan Vasiliewitch III. y de la creacion de la Milicia de los *Streltzí*, eran los *Dworenin* una clase inferior de Nobles, que en tiempo de guerra tenian que servir como soldados rasos, y les daban cierta paga en dinero, y una porcion de tierras, que llamaban *Pamestí*; y de esta voz se deriva la de *Pamestnic*, que significa Noble de provincia.

La palabra de *Boyarin ó Boliare*, como antiguamente decian, no era, como algunos han querido afirmar, la denominacion de un empleo ó dignidad, sino era el nombre que daban á los principales Señores mas poderosos; estos eran convocados para deliberar sobre los asuntos del Estado.

La Nobleza no se compra, pero se obtiene por el nacimiento ó por el empleo. Para que un Estrangero pueda comprar tierras en el Imperio, es necesario que tenga el grado de Oficial de la plana mayor: todo esto hace ver, que el precio de las tierras de este tan vasto como mal poblado Imperio, depende solo del número mas ó menos grande de familias nobles. Aunque estos tienen un entero derecho sobre las tierras de sus Colonos, y un gran poder sobre sus vidas, no pueden sin embargo hacer

cer pasar de un país á otro un cierto número de
ellos; pues ha habido exemplares de haber asesinado los vasallos á sus amos, por haber estos querido hacerles mudar de domicilio, enviandolos á
otros de sus Estados. Los Señores se diferencian muy
cho en el modo de tratar á sus Colonos, y esto
pende del carácter y modo de pensar de ellos, ó
de sus *Opravitel* (Administradores): los mas rigurosos é inhumanos exígen de estos infelices las nueve décimas partes de lo que adquieren, sin averi-
guar si lo que les queda es suficiente ó no para la
subsistencia de sus familias; pero algunos se contentan con señalarles un tiempo preciso al año, en
el que deben trabajar para el provecho de sus amos,
y les dexan lo demas para que trabajen para sí,
y busquen su vida: los mas humanos de todos son
aquellos que ponen en sus Estados Administradores
honrados, y no exígen de sus vasallos sino es una
renta anual, dexandolos así vivir como hombres
libres: el mas conocido entre todos los Señores por
su humanidad y por el excesivo número de Colonos
que posee, era el Conde de *Scheremetief*, pues pasan estos de 100ࢡ: cada uno vale 200 rublos, lo
que hace un total de 20 millones; y este Señor no
exíge de ellos sino es una contribucion anual muy
cor-

corta, y así los vasallos de Scheremetief son los mas ricos del Imperio.

En el reynado de *Feodor Iwanowitch*, se dice fué quando el Labrador Ruso se vió sujeto á la esclavitud en que hoy gime. Pedro I. podia haber hecho un servicio importante á la humanidad, y acabado de eternizar su memoria, dando la libertad á los Labradores Rusos, y obligando á la Nobleza á que siguiese su exemplo; pero al contrario, agravó el yugo de estos infelices por la forma que estableció para la percepcion de impuestos. Cada Señor tiene que pagar al Soberano cierta suma fixada por cada Colon que habita en sus Estados, por lo qual es preciso que estos le pertenezcan, y que los tenga sujetos á fin de que no puedan escaparse; porque de lo contrario tendrian que pagar durante quince años, por unos hombres que nada les producian por no estar ya báxo de su dominacion. Tambien tienen que dar un número prescripto de hombres para los reclutas, y para evitar los inconvenientes que esto podria tener si pudiesen escaparse, los tienen estrechados en la mayor sujecion y miseria.

De

15.º

De la Administracion interior del Imperio.

PEdro I. para dar mas consistencia al Gobierno político de la Rusia, estableció un Senado, pero enteramente subordinado al Soberano. Desde el origen de este instituto dió este Emperador un Xefe al Senado, el qual debia tener toda la confianza del Tzar, y al que la Nacion llamaba *su ojo*. Llámase Procurador General, y es el que preside este Cuerpo, y manifiesta en él las órdenes del Soberano.

El Senado está dividido en seis Departamentos: los quatro residen en Petersburgo, y los otros dos en Moscof: es el Tribunal Supremo, de cuyas sentencias no se puede apelar. En algunos países se cree, que las personas del Estado Civil son tan capaces de mandar los Exércitos y las Esquadras, y tan propios é inteligentes para un Consejo de guerra, como para sentenciar pleytos: en Rusía, por el contrario, le atribuyen al Militar todos estos talentos.

Hace algun tiempo que la autoridad del Senado

do sujeta á la del Soberano, está reducida solo á la Administracion interior del Gobierno, pues los negocios Estrangeros corresponden al Gabinete ó Consejo de Estado.

Desde el reynado de Pedro I. parece que este Consejo ha sido destinado para servir de contrapeso al Senado. La Emperatriz preside esta asamblea, y los miembros que la componen son: el primer Ministro, el Vice-Canciller, algunos Presidentes de los Consejos de la Guerra y del Almirantazgo, los Feld-Mariscales y los Ayudantes de la Emperatriz. Todas las semanas se tiene una Junta en el lugar donde reside la Soberana. Los negocios que se tratan en el Gabinete son: la paz y la guerra, las negociaciones, los tratados, la inspeccion de los Exércitos y de las Esquadras &c. Las órdenes que aquí se dan, son leyes inviolables, que los demas Consejos deben inmediatamente obedecer: el Senado las notifica y despacha á todos los Departamentos.

Los miembros del Senado y del Gabinete los nombra todos el Soberano, que tiene derecho de substituirlos, y esto basta para conocer la influencia y el poder que tendran estos dos Cuerpos.

Despues del Senado sigue el del Santo Sínodo,

que

que tenemos ya hablado, y cuyas operaciones son faciles de adivinar.

El Colegio ó Consejo de los Negocios Estrangeros, está encargado de todo lo correspondiente á las Embaxadas, en remitir los sueldos á los Ministros que se hallan en las Cortes Estrangeras, de la correspondencia con estos &c. Tambien dan aquí los Pasaportes á los que quieren salir del Imperio, y se deciden las diferencias que pueden acontecer entre los Ministros Estrangeros.

El Consejo de Guerra tiene la inspeccion de los Exércitos: los muchos negocios que en él ocurrian, hizo se dividiese en diferentes Departamentos, como son : la Comisaría general de Guerra, la Chancillería de la Artillería, la del Vestuario, la de los Víveres, la Cámara de cuentas &c.

El Consejo del Almirantazgo, que es el que gobierna las Esquadras, está igualmente dividido en Departamentos.

El Consejo de la Cámara de cuentas, tiene la inspeccion de las rentas del Estado, á excepcion del precio de las ventas y del comercio de la sal: reside en Moscof, y no tiene en Petersburgo mas que una Oficina.

El Consejo de la Justicia reside igualmente en

Mos-

Moscof, y solo tiene en Petersburgo una Oficina: conoce de las sentencias dadas en grado de apelacion.

El Consejo de Bienes administra aquellos que recaen en la Corona, en algunos casos de muerte, ó á falta de herederos legítimos.

El Consejo de Revision exâmina las cuentas de los Departamentos.

Hay otros Consejos particulares para el Comercio, las Minas, las Manufacturas, la Sal, las Confiscaciones, la Medicina, &c. Todos estos Consejos estan báxo la subordinacion del Senado, á excepcion del Santo Sínodo y Departamento de los Negocios Estrangeros.

Pedro I. ha sido el fundador de todos estos diferentes establecimientos.

Se habrá notado que varios Consejos de estos residen en Moscof, y tienen en Petersburgo solamente una Oficina. Esto prueba, que Moscof convendría mas para la residencia del Soberano, pues se halla en el centro del Imperio, y Petersburgo en uno de sus extremos, lo que hace que las operaciones se hagan complicadas y lentas.

De

16.º

De la Justicia.

EN virtud del nuevo plan de la Emperatriz reynante, publicado en Petersburgo en 1776, cada Gobierno tiene su Tribunal para los negocios civiles, y otro para los criminales. En estos se hace la apelacion de las sentencias de las Justicias inferiores. Tiene cada Gobierno á proporcion de su extension, un Tribunal Superior dividido en civil y criminal, para juzgar los procesos de la Nobleza, y otro para las causas de las viudas y huérfanos. Ademas de estos, hay tambien en cada Gobierno un Tribunal, que llaman de Conciencia ó de Equidad, encargado de la seguridad pública ó personal.

Los Gobiernos estan asimismo divididos en provincias, y estas en círculos ó distritos: cada uno de ellos tiene su Justicia civil y criminal, como tambien una Justicia inferior del país; cuya inspeccion comprehende la policía, las costumbres, la observancia de las leyes y de los Ukases (Ordenanzas), y el cóbro de las multas. En cada distrito hay establecidos un Tesorero, un Abogado, un

Geó-

Geómetra jurado, un Médico, dos Cirujanos y tres Practicantes.

En las ciudades donde no hay Gobernador, el *Gorodnischey* ó Teniente de policía exerce sus funciones. En cada ciudad y lugar hay tambien un *Slovesnoy Sud* ó Tribunal verbal, establecido por la Emperatriz Isabel, el qual tiene á su cargo las discordias y disputas entre los Mercaderes y demas particulares, relativas al pago de las deudas. Ademas de esto, todas las ciudades y lugares tienen su Magistratura, compuesta del Corregidor y Consejeros, que juzgan los negocios civiles y criminales del vecindario.

Los *Odnodvorzí* ó vasallos libres estan sujetos á las Justicias inferiores, tanto en lo civil como en lo criminal.

Para apelar de las Justicias inferiores á los Tribunales Superiores, es menester que la entidad del asunto pase de 100 rublos, y entonces puede llegar la causa hasta el mismo Senado.

Todas las penas corporales ó infamantes deben ser revisadas por las Justicias de los Gobiernos. En cada uno de estos hay un Consejo para la Inspeccion general, presidido por el Gobernador; y seis miembros de las Justicias inferiores, son Asesores de él.

él. Estan encargados de las Escuelas, de los Hospitales, de las Casas de huérfanos y expósitos, de Locos, de Trabajo y de Correccion.

La ley establecida por Catalina II. para impedir la corrupcion de los Jueces, pues tienen sueldos suficientes para su manutencion, es muy notable. "Hasta ahora, les dice en su edicto, la ne-»cesidad os puede haber inspirado alguna inclina-»cion por el interés; pero hoy os paga la patria »vuestros trabajos, y lo que hasta aquí se os ha »disimulado, va á ser ya desde ahora un delito."

17.º

De las Penas.

Todo el mundo sabe que la pena de muerte ha sido abolida en Rusia. Allí se consideran los trabajos de un malhechor, mas útiles al Estado que no su muerte: creen que el aspecto de un infelíz de estos, cargado de cadenas y condenado para toda su vida á los mas duros trabajos, hace mas impresion en los demas Ciudadanos, y les inspira mas temor, que no el suplicio mas cruel; cuyo efecto es momentáneo. Y en efecto, es un principio general, que las impresiones violentas mueven el el interior ; pero fiadas á la memoria, son de muy corta duracion.

El castigo ordinario y general que hay en Rusia, es el *Knut*, que es una correa de cuero gruesa y sumamente dura : tiene cerca de tres pies y medio de largo, y está sujeta á un palo de dos pies y medio de largo. Un hombre tiene á cuestas al reo desnudo de medio cuerpo arriba : el Verdugo se pone á cierta distancia de él, y le da en las espaldas los golpes de Knut á que está sentenciado. Los Verdugos son tan diestros, que nunca dan en un mismo sitio, y de cada golpe levantan al infelíz el pellejo, y empieza á correr la sangre.

Los *Batoques* es el castigo que se daba por los delitos mas leves. El reo estaba tendido en el suelo boca abaxo, y desnudo de medio cuerpo arriba : dos hombres, el uno sentado sobre el pescuezo, y el otro sobre las piernas del desgraciado, le daban alternativamente en las espaldas con los Batoques, que son unas varillas de un dedo de grueso. Los Señores castigaban de esta manera á sus Colonos por la menor culpa ó por capricho.

Los reos de delitos graves, despues de haber recibido el Knut, les sellan la frente con un hierro caliente, y les arrancan las ternillas de las narices; des-

despues los destinan á los desiertos de la Siberia, y los emplean en la caza de los Zobols ó Zibelinas, y en los trabajos de las minas: los señalan así, para que sean conocidos en caso que lleguen á escaparse; cosa que sucede muy rara vez, pues tendrian que andar muchos dias sin encontrar poblacion alguna, y por consiguiente se moririan de hambre.

18.º

De las Fuerzas Terrestres.

LAs primeras tropas regladas que hubo en Rusia, se establecieron en el reynado de Iwan Vasiliewitch el Cruel. Los Nobles estaban antes obligados á servir en los Exércitos, y quando iban de la parte del Tzar á notificarles que fuesen á campaña, tenian que abandonar sus casas, y los asuntos mas importantes para armarse y ponerse en marcha sin dilacion. Los principales hacian la funcion de Oficiales Generales, con el nombre de *Voyewod*, y el de *Galavy* ó Xefes, que corresponde al grado de Coronel: los mas ricos servian á sus expensas, y á los demas les daban una corta paga, ó unas tierras que llamaban *Pamestie*. En las úl-

últimas clases de la Nobleza ponian á los *Dieti-Boyarskí* ó hijos de Boyar, así llamados, no porque fuesen hijos de estos, sino es porque iban á la guerra báxo sus órdenes. Los poseedores de tierras iban igualmente á la guerra acompañados de sus Colonos, pero mal vestidos y peor armados, y sin ninguna disciplina : los Nobles tenian que llevar consigo un número de hombres de á pie y á caballo proporcionado á sus bienes. Los Labradores, y particularmente los Mercaderes, no iban á la guerra, sino en un caso de mucha necesidad ; pero quándo el Estado se hallaba en un riesgo inminente, todos tomaban las armas, y entonces hasta la Iglesia tenia que aprontar soldados y caballos; y aun los Magistrados servian en los Exércitos. Las armas ordinarias que usaban, eran el arco, el chuzo, la hacha, la lanza; y armados con morrion y cota de malla.

Iwan Vasiliewitch el Cruel, convencido de los defectos de semejante Milicia, estableció la de los *Streltzí*; los armó de fusiles, los hizo exercitar y subordinar á la disciplina Militar; y estos fueron los primeros soldados que tuvo la Rusia, siempre sobre las armas, y prontos á pelear á la primer órden del Soberano. Esta nueva tropa estaba mal

X

pa-

pagada, pero disfrutaban de muchos privilegios en
el Comercio, por cuya causa todo el mundo pro-
curaba entrar en este Cuerpo; pues, ademas de esto, y de no tener nada que hacer en tiempo de
paz, en el de guerra muchos ponian substitutos, ó
compraban de sus Xefes la exêncion del servicio.
Estas tropas se fueron aumentando considerablemente, pues el distrito de Moscof mantenia solo
mas de 40µ hombres; pero estos en tiempo de las
discordias y rebeliones se corrompieron, abando-
naron la disciplina, y se entregaron á los mayores
desórdenes. Los Streltzí eran los árbitros del Estado y del trono; y así en 1682 pusieron á la Princesa Sofia á la frente del Gobierno, haciendo que
Iwan partiese el trono con su hermano Pedro I., en
cuya ocasion cometieron las mayores crueldades, y
se dieron un nuevo título, quitandose el nombre de
Streltzí, y haciendose llamar Infantería de la Corte.
Durante la ausencia de Pedro I. de su Imperio, volvieron segunda vez á sublevarse contra este Príncipe, que se hallaba entonces en Viena, y se pro-
ponia ir á hacer un viage á Italia; pero informado de la revolucion de los Streltzí, marchó inmediatamente á Moscof, donde halló apaciguado el
tumulto, y á sus principales motores arrestados, los
qua-

quales fueron al instante sentenciados á muerte. Sin embargo de que solo quatro Regimientos habian sido los culpados, Pedro I. resolvió suprimir, como lo hizo, enteramente esta Milicia osada y temible aun para sus mismos Soberanos. En lugar de estos hizo el Emperador nuevos reclutas, que vistió y exercitó á la Alemana; para cuyo efecto atraxo infinidad de Oficiales de esta Nacion. Desde entonces se ha ido aumentando considerablemente el número de tropas regladas, pero con variedad, á causa de las enfermedades contagiosas, ó porque dexan de reclutar; pero cada Señor tiene que dar un cierto número de hombres, segun la mayor ó menor urgencia del Estado. Hace algunos años que el número de tropas regladas subian á 345ʮ hombres; de los quales habia 10,188 Guardias, 34,032 Artilleros é Ingenieros, 34,362 hombres de Caballería, y lo restante de Infantería y tropas ligeras &c. Hoy, sin embargo de la mucha gente que perdió la Rusia en la última guerra contra los Turcos y Suecos, hacen subir el total del Exército á mas de 400ʮ hombres. Las mejores tropas son los Regimientos de Guardias de *Preobraschensky*, *Semenofsky* y *Ismailofsky*, creados por Pedro I. Los Granaderos con sus gorras y penachos de pluma causan un

efeeefecto admirable. El Cuerpo de Artillería es muy numeroso y de los mejores de Europa : los soldados son todos escogidos, y tienen mucha destreza para trasportar los cañones por las montañas mas ásperas : la Artillería Rusa. hace treinta y dos descargas en un minuto. La Caballería no es tan buena á causa de ser los Caballos malos ; pero no hay con quien comparar á los Cosacos, ni quien imite las maniobras de esta Caballería : sus armas son una Pica grande, que descansa sobre uno de los estrivos, y un Sable muy largo y corbo : quando van á golope tendido se echan á tierra, y vuelven á subir con la misma ligereza, teniendosé ya sobre un pie, ya sobre la cabeza. Las Picas las manejan con una destreza increíble : yendo á rienda suelta tiran sus gorras al ayre, y con la punta de la pica las vuelven á coger : en los combates van siempre á galope y esparcidos : dexan sueltas las riendas de los Caballos, y con las picas traviesan y arrancan de la Silla al soldado mas bien montado : quando acometen al enemigo, es siempre dando fuertes alaridos y gritos para infundir miedo á los contrarios. Hay ciertos Cuerpos de Cosacos que reciben 8 rublos de paga al año, con los que tienen que mantenerse ellos y sus Caballos,

y

y proveerse de armas. Los Baschkiros, Kalmucos
y otros pueblos Salvages, estan obligados á servir
de valde; y en tiempo de guerra saca la Emperatriz mas de 200ɱ hombres de todas estas Hordas ó Tribus. Su manutencion consiste en carne de
Caballo, que es su comida favorita; y quando no
tienen fuego donde asarla, la ponen entre la Silla
y el Caballo, y dan luego fuertes carreras, para
que con el sudor del animal se vaya ablandando
algo, y así la comen cruda. Tambien me han asegurado, que quando estos Salvages se sienten malos, le abren una vena al Caballo y beben su sangre, poniendose en seguida á correr para sudar;
y miran este remedio como el mas saludable y general para todas las enfermedades. Estas tropas son
tan crueles quando llegan á entrar en un lugar enemigo, que ademas de ponerle fuego, pasan á cu-
chillo á todos los habitantes; de manera, que en
donde entran dexan señales de su barbarie y fero-
cidad, mayormente quando se mantienen (que es
siempre) solo de lo que roban al enemigo, y aun
á los mismos del país; porque la Emperatriz no les
pasa nada para su manutencion.

Los Oficiales y los Soldados tienen poca paga,
y ésta puede ser la causa de que esta Potencia man-
ten-

tenga un Exército tan numeroso. Los sueldos y raciones de los Oficiales son los siguientes:

	Sueldos.	Raciones.
Un General Feld-Mariscal..	7000 rublos..	2400 rub.[s]
Un General en Xefe...........	3600	960.
Un Teniente General...........	2160	600.
Un Mayor General.............	1800	480.
Un Brigadier....................	840	360.
Un Coronel.....................	600	204.
Un Teniente-Coronel............	360	132.
Un Sargento Mayor.............	300	132.
Un Capitan.....................	200	96.
Un primer Teniente............	120	48.
Un segundo Teniente...........	100	36.
Un Alferez.....................	100	36.

La paga del soldado es de 7 rublos al año, y se le regulan otros 4 rublos por los víveres; de manera, que viene á tener 11 rublos al año, y todo lo correspondiente al vestuario. A los Oficiales les dan, ademas de lo arriba expuesto, *Denschiky* ó criados para su servidumbre, los quales reciben 6 rublos y 30 copekes al año, y cierta porcion de víveres cada uno; pero tienen que vestirlos sus amos.

Un

Un Feld-Mariscal tiene 16 criados: un General en Xefe 12: un Teniente General 10: un Mayor General 8: un Brigadier 7: un Coronel 6: un Teniente Coronel 4: un Sargento mayor 3: un Capitan 2; y los demas Oficiales uno.

Una rígida disciplina, junto con la esclavitud, la extrema sobriedad y la dureza con que los Rusos resisten los rigores del tiempo, son causa de que estos soldados sean, sin excepcion alguna, los mejores de Europa, y que se hagan temer de sus vecinos. La ignorancia de los Rusos es un efecto de su situacion; y así quando solo tuvieron que hacer con los Tártaros y Livonianos, sabian tanto como ellos, y los vencieron muchas veces. Despues que tuvieron que pelear contra los soldados de Carlos XII. aprendieron en breve á vencerlos; y en estos últimos tiempos han derrotado á los Prusianos, y llegaron con sus armas victoriosas hasta Berlin, y son ahora el terror del Imperio Otomano; por lo qual la Rusia es en el dia una de los Potencias que mas influyen en los asuntos políticos de la Europa.

El soldado Ruso es el hombre mas industrioso que se conoce; con la paga tan corta que reciben, les es imposible mantenerse; se ven precisados á

ser-

servirse á sí mismos en todos oficios, como Panaderos, Carniceros, Sastres, Zapateros, Peluqueros, Cerrajeros, &c.

Una gran parte del Exército está en Petersburgo, y el resto distribuído en las capitales de los Gobiernos y en las Fronteras; particularmente del lado del mar Báltico, donde se hallan las plazas mas fuertes del Imperio.

19.º

De las Fuerzas Marítimas.

UN país que abastece á toda la Europa de todos los materiales necesarios para la construccion de navíos, debe por consiguiente tener todas las fuerzas navales que quiera y juzgue necesarias. Hace muchos siglos que los Rusos tenian ya navíos, con los quales hacian el comercio en el mar Blanco, en el del Norte, en el Caspio y en el mar Negro; pero no conocian aún ningun navío de guerra, pues el primer navío regular que se ha conocido en Rusia, fué el que en 1676 construyó un Capitan Holandés, en el reynado del Tzar Alecsey, que habia proyectado formar una Flota en el mar Caspio; pero esto no tuvo efecto hasta Pedro I. Este Príncicipe ha sido el verdadero creador de la Marina Rusa, y llegó poco á poco á juntar una Esquadra de 30 navíos de línea, sin contar las Fragatas, ni cerca de 200 Galeras. Las primeras evoluciones de esta Flota se hicieron en el mar Báltico y en el del Norte. Desde entonces se ha ido aumentando succesivamente la Marina Rusa, y hoy se cuentan cerca de 60 navíos de línea, muchas Fragatas, Galeras y otros buques de guerra.

Los Astilleros estan en Petersburgo, Cronstadt, Reval, Arcangel, y en el mar Negro.

El Gran Príncipe actual (que es el succesor al trono) es el Almirante de Rusia, y tiene báxo su mando otros Almirantes, Vice-Almirantes y Xefes de Esquadra. En la Marina hay tres clases de Capitanes, y los de la primera tienen grado de Brigadieres: todos los Oficiales de Marina tienen dos grados mas en el Exército, que en su Cuerpo. Los Marineros tienen paga doble y mucha abundancia de víveres; pues las raciones de carne y de bebida que les dan, son mucho mayores que en ningun país de Europa; lo que hace ver la inclinacion de Pedro I. á la Marina.

Aunque la Rusia tiene todo lo necesario para la construccion, le falta sin embargo la madera

de

de Encina; pues la que traen de Kazan es demasiado blanda y de poquísima duracion: la que crece en los alrededores de Arcangel no es mejor. Estos inconvenientes, juntos con el mucho tiempo que la tienen en agua dulce, y expuesta á las lluvias y nieves, son causa de que los navíos no duren mas de quince años.

20.º

De las Rentas.

Nada ha tenido en Rusia mas mutaciones que la administracion de la Hacienda. Antes del reynado de Pedro I. las contribuciones se hacían por Casas, y cada una estaba sujeta á una tasa igual. Esta forma de contribucion expuesta á mil errores, daba muy poco al Soberano. Pedro I. mandó hacer una matrícula de todos sus vasallos, é impuso á cada uno un tributo igual de 70 copekes por cabeza. Esta nueva contribucion (que llaman *Poduschnoya Dengui*) seguida aún hoy, trata á los contribuyentes con mucha desigualdad, justamente porque los carga á todos iguales, sin embargo de ser muy diferentes los medios de cada indivíduo: es verdad que en parte han encontrado un medio

pa-

para remediar este mal, pues en cada lugar los vecinos elijen un *Starost*, que reparte el impuesto
entre ellos segun sus facultades; pero este medio
es tambien insuficiente, porque la misma desigualdad que se halla entre los indivíduos, se encuentra entre los diferentes señoríos, distritos y provincias; y los habitantes de un lugar dando la misma cantidad, pagan mucho mas que los de otro.

La revision ó empadronamiento general se re-
nueva todos los quince años. Todos los hombres y
aun los mismos que acaban de nacer quando se hace esta matrícula, estan sujetos al impuesto. Los
que nacen despues de hecha la revision, estan
exceptuados hasta la siguiente, y así muchos no
pagan en quince años; pero los Señores tienen que
continuar pagando por los que mueren desde una á
otra revision.

Ademas de la contribucion de 70 copekes por
cabeza, paga cada uno 15 copekes anuales por el
derecho de tener baño, y otros impuestos que no
estan fixos, y penden solo de las circunstancias.
Los Curas Seculares estan tan sujetos á la contribucion, como el mas infelíz *Muschik* (Colono). Cada Pop, ademas de lo que está obligado á pagar
por sí y por sus hijos, contribuye tambien con

6 copekes por cada Casa, que depende de su *Epar-
xia* ó Diócesis; igualmente paga por su cargo de
Cura, y un rublo por los baños, de los que tiene
que hacer mas uso que otro, pues no puede decir Misa si al levantarse no hace esta purificacion:
Post concubitum sine lotione.

En los principios del reynado de Pedro I. las
rentas de la Corona eran de 7 millones de rublos,
y al fin subieron hasta 13 millones. Despues de su
muerte fueron progresivamente aumentandose hasta
20 millones; y hoy han subido desde 30 hasta 40, y
cada dia se aumentan mas las rentas.

· Los principales artículos de donde la Rusia saca sus rentas, son los siguientes:

Todos los Colonos pagan desde que nacen hasta que mueren, es á saber; los de la Corona uno
y medio rublo, y los de la Nobleza las 7 décimas partes de un rublo todos los años.

	Rublos.
En 1766 subió este artículo á	6,344,001.
Los arrendamientos de las Tabernas donde se venden diferentes bebidas produxo en 1770	3,100,000.
Los derechos de entrada y de salida .	2,800,000.

Idem

Idem en la Siberia . . . . 591,495.

La Sal en 1762 . . . . 1,599,161.

Las minas en 1770 . . . . 3,506,208.

El derecho de labrar moneda . . . 2,500,000.

Los villetes de banco por su mas

corta evaluacion . . . . 1,500,000.

Las compras y ventas en 1761 . . 1,733,743.

El papel Sellado cerca de . . . . . 100,000.

El peazgo actualmente . . . . 8,000,000.

La Livonia , la Estonia y la Fin-

landia en 1772 . . . . 692,052.

Total....... 37,566,660.

Los habitantes de la Siberia pagan los impuestos en pieles, y por lo mismo no se puede valuar su total exâcto.

Las minas de *Nerschinsky* produxeron desde 1741 hasta 1771, 5245 pudes (1) de plata. Las de *Koliwan* desde 1768 hasta 1771, 10ᵾ pudes de plata y 318 de oro. Las de *Argunis* en 1772, 405 pudes de plata y 5 de oro. Las de *Barnaul* 402 pudes de plata y 14 de oro.

Las

(1) El pud tiene 40 libras Rusas ó 16 y 2 tercias, libras Castellanas.

Las demas Naciones tienen que hacer trabajàr sus minas por los Negros, lo que les cuesta sumas inmensas: en Rusia se sirven para este efecto de .os malhechores, que en otras partes hubieran sido sentenciados á muerte.

Hace algunos años, que los gastos que originaban el mantenimiento del Estado Civil, del Estado Militar, de la Corte, de los Embaxadores, y de otra infinidad de fundaciones costosas, subian anualmente á 21,305,548 rublos, que rebaxados del total de las rentas arriba mencionadas, quedaba en el Tesoro Imperial una suma de 16,261,112 rublos.

21.º

De la Agricultura.

La grande desigualdad de poblacion que en Rusia hay, á proporcion de su inmensa extension, es por consiguiente causa de que la mayor parte del terreno quede inculto.

No es facil remediar de pronto la falta de poblacion en un país; sin embargo se puede ir aumentando insensiblemente en el espacio de una larga p.´´´ , y poniendo particular atencion en todo lo

que

que influye en la salud , y protegiendo los Matrimonios ; pero sería mas facil remediar la imperfec-
cion de la Agricultura , que es aun mas perjudicial
á un Estado , que la falta de poblacion. La cultura hecha con aquel cuidado que se requiere , á
proporcion de la fertilidad de la tierra , es la ba-
sa fundamental ꞇ a felicidad de un Estado. La
pobreza extrema en la que vive el Labrador Ruso,
le obliga á que él mismo se fabrique los útiles necesarios para su labor , que son todos de madera
y muy mal hechos ; y tampoco pueden comprar
ganados para estercolar las tierras. La pereza, hija de la opresion y del desaliento , es causa que estas gentes (que por lo comun trabajan con lenti-
tud y mal), no hagan la quarta parte del trabajo que un número igual de hombres hicieran en otros
países.

Uno de los principales medios de favorecer y
aumentar los progresos de la Agricultura , es el
asegurar las propiedades , y dexar que el Labrador goce del fruto de sus fatigas ; pero en un país
en el que todo pertenece á un corto número de indivíduos , y en que el Labrador es esclavo y está
obligado á trabajar solo para el provecho de sus
amos , no puede hacer progresos la Agricultura.

De

22.º

De las Fábricas.

LOs Rusos rematan á la verdad mal sus trabajos; pero como por lo regular quieren los amos ser prontamente servidos, lòs rematan prontamente, y hallan que sus trabajos son demasiado buenos quando los pueden vender.

Todo Labrador Ruso es Carpintero, y con una sola hacha hace todos sus trabajos con casi tanta perfeccion, como si para ello se sirviese de todos los instrumentos que requiere esta profesion. Ademas de esto cada uno es para su propio uso Albañil, Herrero, Sastre, Zapatero, &c. Las mugeres hilan el cáñamo y el lino, y hacen lienzos para el uso de sus casas; y así cada familia se remedia á sí misma, sin necesitar la industria estraña.

Desde tiempos muy remotos han poseído los Rusos el secreto de adovar sus cueros (ó *yufte*, como ellos los llaman) de una manera, que ninguna Nacion ha sabido imitar, y siempre han tenido fama en Europa los cueros de Moscovia. Hace algunos años que se contaban en el Imperio mas de 100 fábricas de *yufte*; y cada dia se va aumentando mas

el

el número. La extraccion de este solo artículo produce al año mas de un millon de rublos. Igualmente han sabido los Rusos siempre el modo de cocer y cristalizar la sal. El arte de sacar del grano un licor fuerte por medio de la destilacion, no ha sido conocido en Europa hasta el siglo XIV.; pero en Rusia, donde no ha habido jamas plantíos de viñas hasta ahora, y por el contrario mucha abuncia de granos, ha sido muy antiguo.

Desde el reynado de Pedro I. que atraxo al Imperio una infinidad de Artistas de todos generos, se han ido aumentando y perfeccionando infinito las Fábricas y Manufacturas ; y en 1785 se contaban en Rusia cerca de 600 Fábricas de todas especies. La de armas de *Tula* ha cobrado mucha fama, y los trabajos de acero que en ella hacen, no son inferiores sino á los de Inglaterra. En Arcangel se fabrican lienzos sumamente finos ; y la mantelería que se labra en Yaroslawle, puede compararse á la mejor de Europa. Las lanas de Rusia son demasiado ordinarias para fabricar paños finos; y anteriormente aun los paños para el vestuario de la tropa venian de Inglaterra; pero hoy, que se sirven de lanas de España y de Polonia, empiezan los Estrangeros á extraer los que se fabrican en el país.

Z

La

La Fábrica de paños que tiene la Corona en *Yamburgo*, junto á la capital, no ceden en nada á los mejores paños Ingleses, para los que solo se sirven de lanas de España; pero tienen muy poca salida á causa de su excesivo precio. Tambien hay en Petersburgo una Fábrica de Tapices muy buenos; pero por ser igualmente caros, solo la Emperatriz y algunos particulares de los mas ricos son los que hacen uso de ellos; y por consiguiente resultan pocas ventajas al Estado. La Corona tiene tambien junto á la capital una Fábrica de Porcelana, que no es nada inferior á la de Saxonia, en quanto á las figuras, á la pintura y el gusto; pero no es de tanta duracion.

En *Schlüsselburgo*, situado junto al lago Ladoga, hay una Fábrica de Muselinas y estampados, muy buena.

En Petersburgo hay, ademas de las que ya hemos citado, algunas Fábricas y Manufacturas de Medias de seda, Sombreros, Espejos, Azucar, Salitre, &c.

Hace algunos años que un simple *Muschik* llevó á Petersburgo unas Obras de maquinaria, fruto de su propio ingenio, que le valieron la aprobacion de la Académia, y una gran recompensa del Gobierno.

no. Otro trabajador de una Fábrica de hierro, al pie del monte *Taguil* en Siberia, construyó un relox de hierro de repeticion, sin maestro ni modelo alguno: quando da la hora, sale un trabajador á la vista de todo el mundo á fraguar una barra de hierro.

Estos y otros muchos exemplos hacen ver que los Rusos son ingeniosos, y que si algun dia llegan á tener libertad, seran iguales á los pueblos mas industriosos.

23.º

Del Comercio.

UN Imperio, que por su vasta extension y por la diversidad de sus climas, debe tener un sobrante quantioso de producciones, respecto á sus pocos habitantes, y confinando con tan diversos pueblos, es preciso que haga un Comercio muy considerable con las demas Naciones.

En los tiempos mas remotos, no solamente mantenian los Rusos relaciones Mercantes con sus vecinos, sino tambien hasta con los Griegos de Constantinopla. Oprimidos despues por los Tártaros, perdieron la mayor parte de su Comercio, y solo lo

con-

conservaron con sus vecinos Orientales ; pero luego que poco á poco fueron sacudiendo el yugo en que gemian , cuya última cadena acabó de romper el Tzar Iwan Vasiliewitch el Cruel , renació de nue- vo su Comercio. Desde el año de 1553 , un año antes que subiese al trono el primer Tzar , la ciu- dad de Lubec , de acuerdo con las demas ciuda- des Anseáticas , prohibieron á sus habitantes , so pena de muerte y de perder sus privilegios , el ir á comerciar á Narva , que era el único puerto por donde entonces se podia negociar con la Rusia , y esta prohibicion se hizo para que los Rusos no apren- diesen la navegacion de los Alemanes , como la apren- dieron los Turcos de los Genoveses.

Una nueva senda se abrió entonces al Comer- cio de la Rusia. En 1553 unos Ingleses que busca- ban al N. E. un paso para las Indias Orientales , se entraron en el Dvina , que va á parar al mar He- lado , y se detuvieron junto al Monasterio de S. Ni- colás , situado casi en el mismo sitio donde se cons- truyó despues la ciudad de Arcangel , cuya funda- cion se debe á este Comercio. Los Ingleses fueron conducidos con mucho honor á Moscof , donde los recibió el Tzar como Embaxadores , y les conce- dió muchos privilegios para animarlos á que con- ti-

tinuasen sus viages ; pero despues fueron perdiendo todas estas franquicias. Pedro I. se las volvió á conceder ; y segun el tratado de Comercio hecho entre la Inglaterra y la Rusia en 1742, podian los Ingleses llevar sus géneros por Rusia hasta la Persia ; pero en 1746 se prohibió este Comercio. Sin embargo los Ingleses son los que tienen la mayor influencia en el Comercio de la Rusia, y disfrutan siempre de mas privilegios que las demas Naciones ; lo qual se acaba de afirmar por el tratado de Comercio y de Alianza concluido recientemente entre estas dos Potencias. Desde la fundacion de Arcangel se fué considerablemente aumentando el Comercio de esta ciudad, particularmente desde que la navegacion fué permitida á los Holandeses, Hamburgueses y otras Naciones de Europa.

En 1558 el mismo Tzar Iwan III. estableció en Narva un Mercado para los Estrangeros, y desde entonces fué este puerto igualmente concurrido por los Ingleses, Franceses, Holandeses, y hasta por los mismos Lubequeses, que antes lo habian prohibido ; y se hacía ya una extraccion bastante grande de caviar, pescado seco, cola y aceyte de pescado, lanas, clines, cáñamo, lino, y sobre todo de trigo.

Des-

Desde que Pedro I. quitó á Arcangel todos los privilegios que gozaba para darselos á la nueva capital que fundó el Comercio del mar Blanco, se disminuyó mucho; pero volvió á renacer luego que la Emperatriz Isabel les concedió de nuevo los privilegios; y en 1773 entraron en el puerto de Arcangel 180 navíos Holandeses, y otros tantos entre Hamburgueses y Dantziqueses.

El Comercio mas considerable de la Rusia con las Naciones Européas, se hace por el mar Báltico, particularmente en el puerto de Petersburgo, al que concurren mas de mil navíos todos los años, de todas las Naciones de Europa, desde los puertos de Alemania en el Báltico, hasta los de España é Italia en el Mediterráneo, como se verá por el Estado adjunto núm. I.

Los diferentes artículos que se extraen de Rusia, se hallan expresados en este mismo Estado. El Comercio es en el Puerto de Petersburgo mas considerable por la introduccion, que por la extraccion, como se echa igualmente de ver en este Estado; pero en los puertos de Riga, Reval, Narva, Viburgo y Arcangel, es por el contrario mas considerable por su extraccion, que por su introduccion; y así, sin embargo de los muchos artícu-

los

los que los Rusos sacan del Estrangero, la balanza del Comercio está considerablemente á favor de ellos.

Los derechos percibidos en las Aduanas de Cronstadt y Petersburgo en el año de 1791, fueron 4,514,745 rublos. Desde el año de 1768 hasta el de 1780, esto es, en doce años importaron los derechos de Aduana 21,952,535; y desde 1780 hasta 1792, subieron á 41,022,821, y así dichos réditos se han aumentado en estos últimos doce años cerca de 20 millones de rublos.

El número de Embarcaciones Españolas, que anualmente llegan á Petersburgo, no pasa nunca de quince; pero nuestro mayor Comercio lo hacen los Estrangeros, pues en el año de 1791 salieron solo del puerto de Petersburgo mas de quarenta navíos de diferentes Naciones para varios puertos de España. Los vinos de España son muy estimados en Rusia, y los tintos de Cataluña tienen mas pronta salida que los demas, por ser los mas usuales para el gasto comun. Sería muy conveniente que nuestros Comerciantes hiciesen especulaciones de los vinos comunes de la Mancha, Castilla y Navarra para Petersburgo, donde no se conocen, y su calidad es mucho mejor que la de los de Cataluña y

Va-

Valencia. Los vinos de Málaga tienen mucho despacho de algunos años á esta parte, y se venden á un precio bastante alto, particularmente desde que los Rusos lo queman para hacer aguardiente.

Todos los vinos de España, de qualquiera denominacion que sean, yendo directamente de España en navíos Españoles ó Rusos, y por cuenta de Españoles ó Rusos, pagan de derechos en Petersburgo 9 rublos por Pipa; cuya mitad se abona en rublos, y la otra mitad en Rixdalers corrientes de Holanda: los mismos vinos, yendo de los puertos de España, pero no por cuenta de Españoles ó Rusos, ó no yendo directamente de España, pagan 43 rublos por Pipa.

Nuestro Comercio con la Rusia podria fomentarse infinito si nuestra Corte hiciera un tratado de Comercio con aquella Nacion, que le desea muchos años há. Ademas de las ventajas que sacarian de él haciendo las expediciones en navíos y por cuenta de Españoles, conseguiriamos igualmente que nuestros Capitanes y Marineros se exercitasen en aquellos mares que nos son desconocidos, y se aumentaría el número de Marineros hábiles y experimentados.

Don Miguél de Galvez, Ministro que fué de Es-

España en la Corte de Petersburgo, ha procurado animar y extender nuestro Comercio en el Norte, mandando llevar á sus expensas, y dando á conocer en Rusia todas las diferentes clases de vinos
que hay en España, y otros muchos frutos que hasta entonces eran desconocidos allí. En el año de 1791
la Hermandad de Viñeros de la ciudad de Málaga, á instancias y por medio de dicho Señor Galvez, presentó á la Emperatriz 48 Caxas de diferentes clases de vino de Málaga: y S. M. I. en re-
conocimiento de este obsequio, mandó que todos los
vinos de Málaga, que en el año siguiente de 1792
llegasen á Petersburgo por cuenta y en navíos de
dicha Hermandad de Viñeros, fuesen libres de todo derecho; que fué un medio excelente para hacer que nuestros Comerciantes hiciesen sus especulaciones por su cuenta y en navíos de nuestra nacion: pero en Málaga se abusó de esta gracia, y
los Comerciantes Estrangeros de aquella Ciudad enviaron vinos por su cuenta báxo el sello de la Hermandad, y aun en navíos Estrangeros; lo que sirvió de disgusto á la Emperatriz.

En el Estado núm. II. he especificado todas las
mercadurías de que la España podia proveer á la
Rusia, de sus propias cosechas ó de las de nues-

tras

tras Américas. A mas de los artículos que en este Estado se expresan, se podian hacer tambien grandes y considerables especulaciones en el ramo de peletería de América, en comparacion de las pieles que se usan en Rusia, y del excesivo precio á que las venden.

Las pieles es el ramo de Comercio mas considerable que tiene la Rusia. Sería imposible calcular el número de pieles que se consume anualmente, y se extrae al Estrangero. Las mas hermosas son las de Nutra marina, de Castor, de Zorra, de Lobo, de Oso, de Cordero de la Bucaria, de Carnero de Astracan, de Martas, de Zobol ó Zibelina, de Armiño, &c. &c. La mayor parte de estas pieles la sacan de la Siberia y de las Islas del nuevo Archipiélago; pero todas ellas no son suficientes para abastecer el mercado de Kiajta, que es la plaza establecida en 1727 para el Comercio entre Rusos y Chinos, en las fronteras de estos dos Imperios. Los Ingleses llevan á Petersburgo una cantidad muy grande de pieles de Castor y de Nutra; cuyo importe asciende á cerca de 500ᵶ rublos anuales, y las traen de la Bahía de Hudson y del Canadá. El precio comun de los mejores Castores de la Bahía de Hudson, era en Peterstersburgo desde 70 hasta 100 rublos las diez pieles; y las mejores Nutras desde 90 hasta 125 rublos las diez pieles. En Kiajta vale cada piel de Castor de dicha Bahía, desde 10 hasta 25 rublos, y las de Nutra desde 6 hasta 40 rublos cada una. Tambien llevan los Ingleses algunas pieles de Zorro negro del Canadá, y estas valen en Kiajta mas de 100 rublos la piel.

El Comercio de la Rusia con la China, dura ya cerca de siglo y medio. La Corona enviaba todos los tres años una Carabana á Pekin; pero este Comercio fué interrumpido por ciertas discordias que sobrevinieron entre las dos Cortes, no por causa de algunos fraudes hechos por los Mercaderes Rusos, como lo han afirmado muchos, sino por el acogimiento y auxílio què dió la Rusia en 1757, á la misma Horda ó Tribu de Kalmucos, que en 1771 volvió báxo la dominacion de la China. La buena inteligencia entre las dos Cortes se restableció, y las Carabanas empezaron otra vez su giro en 1780. La extraccion é introduccion de los principales artículos del Comercio de la China, particularmente el de pieles, se lo tenia reservado á sí la Corona; però la Emperatriz actual ha renunciado á este monopolio. En tiempo de la mayor de-

ca-

cadencia de este Comercio, el de la Rusia subia anualmente á 1,600,000 rublos. Los Rusos dan á los Chinos pieles, cueros, hierro, plomo &c., y reciben de ellos piedras preciosas, thé, sedas, algodon, ruibarbo, porcelana, &c.

La Rusia comercia tambien con diferentes pueblos Tártaros; pero particularmente con los de la Bucaria, que son sedentarios, industriosos y civilizados. Recibe de ellos telas de seda y algodon de sus propias Fábricas; géneros del Indostan y Ruibarbo, y les da en cambio paños finos, cueros de Moscovia, y toda especie de Mercaderías de la Europa.

A la Persia la abastece la Rusia de pieles, hierro, azero, plomo, lienzos &c., y los principales artículos que recibe de ella, son las sedas de *Guilan*, los algodones hilados y sin hilar del Mazandarán, especias, drogas, telas &c.; pero los Rusos no sacan aún de este Comercio la mitad de las ventajas de que es susceptible.

Los Rusos continuando en internarse en la Siberia, debian llegar por último hasta el Kamtschatka, que es una Península tan grande como la Inglaterra y la Escocia juntas, y que con el país de los *Tchuktchi* forma la parte mas oriental de nuestro

tro Continente. El paso nuevamente descubierto entre esta Península, la América y el Japon, ofrece con el tiempo á la Rusia un ramo de Comercio muy grande.

El que hace la Rusia por el mar Negro se ha aumentado considerablemente desde que esta Nacion posee diferentes puertos en este mar, y que ha adquirido su libre navegacion; la qual se le debe á Catalina II. por la paz que hizo con los Turcos en 1774.

La Rusia tiene muy poca Marina Mercante, no obstante las grandes ventajas que los Rusos podian sacar llevando sus producciones á los países Estrangeros en sus propios navíos; y así este provecho lo tienen en particular los Holandeses.

Los defectos que hemos notado en el carácter nacional, respecto á la prisa con que rematan sus obras, es causa de que sus nayíos no sean de los mejores. A falta de la madera de Encina que hay en el Impèrio, se sirven de la de Pino; pero los navíos mejor construidos de esta madera, no pueden durar tanto como los otros; y esto hace que el precio del Seguro sobre los navíos de Pino, sea al doble mayor que sobre los de Encina, y muchas veces no se encuentran Aseguradores. Ademas

de

de estos obstáculos, por los quáles la Marina Mercante Rusa no podrá jamas llegar á sacar las ventajas que disfrutan los Estrangeros; hay otro mal, aun mucho mayor que éste, en la Constitucion del Estado. A la salida de cada navío tiene su dueño que dar por cada Marinero una fianza de 150 rublos, al Señor, ó á la Corona de quienes son Esclavos, cuya suma se obliga á pagar el propietario del navío al del Marinero, si éste no está de vuelta para el tiempo prescripto.

Otro daño no menos grande, es causa de que la nacion Rusa no saque todo el partido que podia de sus producciones naturales; y éste es la dependencia en que se halla el Comerciante Ruso, respecto á los Estrangeros. La mayor parte de los Negociantes Rusos estan muy atrasados en punto á caudales, y esto les obliga á que vendan sus Mercaderías aun antes que lleguen á sus Almacenes, y á un plazo de ocho meses. Estas contratas se hacen en el Otoño, y se apuntan en el Tribunal ó Junta de Comercio: el Mercader Ruso recibe al principio una parte de la paga; pero esta anticipacion se la hace pagar muy bien el Comprador, como tambien el riesgo del crédito; y así sería mucho mas ventajoso al Estado, que el Vendedor es-

pe-

peráse hasta que la navegacion se abriese, **y** sacaría entonces muchas mas ventajas vendiendo sus géneros al precio corriente del dia. Por otro lado el Mercader Ruso compra los géneros Estrangeros á ocho y doce meses de plazo, cuyo crédito les cuesta tambien mucho, **y** los Estrangeros se resuelven de muy mala gana á estos tratos, á menos que no saquen muchas ventajas de ellos.

24.º

De las Monedas, Pesos y Medidas.

Monedas de Oro.

	Rublos.	Copekes.
El Imperial vale	10	
El medio Imperial	5	
El ducado Ruso	2	25.
La pieza de	2	
El rublo de oro		100.
El medio rublo		50.

De Plata.

	Copekes.
El rublo vale	100.
El medio rublo ó poltine	50.
El quarto de rublo	25.

La

	Rublos.	Copekes.
La pieza de		20.
La de		15.
La griwne		10.
La pieza de		5.

De Cobre.

		Copekes.
La griwne		10.
El pietak		5.
La pieza de		4.

El altin es una moneda imagina-
ria que vale tres copekes , y de
la qual se sirve el pueblo para
todos sus cálculos.

		Copekes.
El groscha		2.
El copek		1.
El denuschk ó denga		$\frac{1}{2}$.
El paluschka		$\frac{1}{4}$.

El rublo lo dividen en 100 copekes , y está re-
gulado á poco mas de 17 reales de nuestra moneda.

Los villetes de banco son los que mas circulan,
y los hay de 5, de 10, de 25, de 50 , de 100 y
de mil rublos : los primeros son de papel azul, los
se—

segundos encarnados , y los demas todos blancos. El valor del papel (importante mas de 150 millones de rublos) facilita mucho el tráfico interior, porque se efectuan los pagos sin desfalco ni pérdida á qualquier distancia ; pero al mismo tiempo el uso de los villetes hace escasear la moneda , produce la usura en la reduccion, y aumenta el luxo y precio de las cosas considerablemente, porque el menor villete , que es de 5 rublos , casi se cree ó supone en las Capitales por la menor moneda. Las de oro y plata son muy escasas , en particular las primeras ; y las segundas es menester perder un 20 por 100 para poderlas alcanzar; y así lo que mas corre es el cobre y el papel.

Pesos.

El bergovetz pesa diez pudes, ó 166 y un sexto libras Castellanas. El pud pesa 40 libras Rusas, ó 16 y dos tercias libras Castellanas. La libra Rusa tiene 96 solotnics, ó 6 y $\frac{1}{2}$ onzas Castellanas.

Medidas.

La *arschina* es la medida ordinaria para los paños y otras telas; y contiene poco mas de 30 pulgadas. Cien arschinas hacen 84 varas Castellanas.

Bb

Co-

Comunmente se cuentan 104 y $\frac{1}{2}$ *werstas* al grado, y poco mas de 6 por una legua de España de 17 y $\frac{1}{2}$ al grado. La wersta contiene 500 *saschenas*, que se dividen en 3 arschinas, y estas en 16 *verschoks*.

La medida de las tierras en Rusia es el *deciatin*, que hace 4800 toesas quadradas. Las medidas de los líquidos son las siguientes:

El tonel de aguardiente de grano, de aceyte, de lino ó de cáñamo, &c. llamado en Ruso *Sorokovaya Boschka*, contiene 13 y un tercio áncoras, ó 40 *vedros*, que hacen poco mas de 33 arrobas. El áncora está dividido en tres *vedros*, que componen 2 arrobas y media.

El *vedro* tiene 4 *tchetverky* ó quartillos, que son 6 azumbres y media.

El *tchetverky* contiene dos *asmuschky* ó octavos, que igualmente llaman *Kruschka*, y hace azumbre y media.

25.º

Descripcion de la ciudad de Petersburgo.

SAn Petersburgo es la nueva capital del Imperio Ruso, y la residencia de la Corte. Está situada en 59 grad., 57 min. de latitud, y en 47 grad., 57 min.

de

de longitud , cerca de la desembocadura del Neva.
En 1703 no se veía en este sitio mas que algunas
casillas de Pescadores ; pero desde el 16 de Mayo
de dicho año , que fué quando Pedro I. se hizo dueño de la ciudad de *Nienchantz* en la orilla del Neva,
resolvió construir una ciudad y un Castillo en este
sitio , cuya situacion le pareció agradable y ven-
tajosa para el Comercio del mar Báltico. Todos los
edificios públicos y particulares fueron al principio
de madera ; pero todo cambió despues que Pedro I.
se vió triunfante en Poltava, pues desde el mismo
Campo de batalla envió órdenes para que constru-
yesen de piedra la Ciudadela y otros edificios , mandando al mismo tiempo a la principal Nobleza fuese á establecerse á su nueva capital , y constru-
yesen en ella Casas á sus expensas. Sin embargo á
la muerte de Pedro I. la ciudad no estaba aun sino en bosquejo , si se compara con el estado de
grandeza y hermosura que ha llegado á adquirir en
los últimos reynados , particularmente en el actual.

La ciudad está situada y dividida en diferentes
Islas que forma el rio Neva : su mayor extension
es desde el Convento de Señoras Nobles, hasta el
Galerenhof ; y desde aquí á la Kalnicaburg , que
hay un espacio de poco mas de legua y quarto,

Bb 2

y

y tiene tres y media de circunferencia.

La parte mas antigua de la ciudad está situada en la Isla que llaman *Vasili-Ostrof* ó Isla de Basilio, que se extiende hasta el Golfo de Finlandia.

Pedro I. quiso colocar toda la ciudad en esta Isla, y construirla por el gusto de la de Amsterdam; pero esto no tuvo efecto por no haber seguido los planos que este Emperador habia trazado él mismo al ausentarse de su Imperio.

La Vasili-Ostrof está situada en los lados ó Islas de Petersburgo, de Viburgo y del Almirantazgo. A lo largo la cruzan dos calles derechas, que llaman *la grande* y la *pequeña perspectiva*. Las casas estan construídas con variedad, y entre ellas hay algunas Plazas grandes con árboles al rededor. Las dos perspectivas estan asimismo cruzadas por veinte y dos calles derechas, que llaman *líneas*; y todo esto representa una ciudad formada en ángulos rectos.

Toda esta parte de la ciudad fué destruída por un grande incendio que hubo hace algunos años, sin embargo de ser todas las Casas de piedra; pero despues acá han ido reedificandolas á la Italiana, y no hay ya la menor señal del tal destrozo.

Los

Los principales edificios que hay en esta Isla, son: el del Cuerpo de Cadetes Nobles, el de Cadetes de Marina, el de Cadetes de Artillería, la Académia de las Ciencias, la Académia de las Artes (de que se hablará despues), la Bolsa ó Casa de Contratacion, que es un edificio de madera muy malo, los Almacenes de los Comerciantes, la Aduana, &c. Quando yo salí de Petersburgo en 1792, habian empezado á construir una Bolsa nueva de piedra, que será uno de los mejores edificios de aquella capital.

Otro edificio de desmesurada extension es el que llaman los *Colegios*, donde celebran sus juntas y conferencias 16 Cuerpos distintos, como son: el Santo Sínodo, el Consejo de Guerra, la Secretaría de Estado y de Confiscaciones, &c. &c.

Un hermoso puente de Barcas, que tiene 140 brazas de largo, y sobre el qual pueden ir tres Coches á la par, separa la Vasili-Ostrof del resto de la ciudad, que llaman el lado ó Isla del Almirantazgo, que es seguramente el barrio mas hermoso de Petersburgo. El Almirantazgo es un inmenso edificio, situado casi en medio de este barrio, hecho en tiempo de Pedro I.: aquí se fabrica todo lo correspondiente á la navegacion, y hay

un

un hermoso Astillero donde construyen navíos de 100 cañones. En medio de este edificio hay una Torre muy alta, con su Chapitel muy bien dorado. De aquí sale una calle muy ancha y enteramente recta, que llaman *la perspectiva del Almirantazgo*: tiene 3 quartos de legua de largo, y llega hasta el Monasterio de San Alexandro Nefsky. Los mejores edificios que en ella se observan, son: los Palacios del General *Tchetscherin*, el del Conde de *Stroganof*, los de los Príncipes de *Galitzin* y *Potemkin*, y las Iglesias de San Pedro, la de Kazan, la Católica, la Armenia, &c.

Las calles que llaman la *Millon*, la *Moorskoy* y la nueva *Isaaky*, no son tan anchas ni tan largas como la perspectiva, pero son mucho mas regulares; y aunque en ellas no se encuentran Palacios, las Casas son bastante grandes y de igual proporcion. Por detras de estas calles va el Canal que llaman la *Moika*, y á lo largo de él hay tambien los magníficos Palacios del Príncipe de *Orlof*, y los de los Condes de *Razumofsky*, *Tchernichef*, *Schuvalof*, &c. Los demas Canales que atraviesan la ciudad, son: el de *Catalina* y el de la *Fontanka*. El primero tiene un fuerte muro de piedra, con una hermosa balustrada de hierro, trabajada sin arte; y

en

en el segundo hay tambien buenos Palacios y muchos puentes de piedra.

Junto al Almirantazgo está el Palacio que habita la Emperatriz, que llaman de invierno, situado á la orilla del Neva, cuya descripcion haremos despues. A los dos lados de este Palacio y del Almirantazgo, toda la orilla del rio está adornada de magníficos Palacios de Arquitectura Italiana moderna, con hermosos balcones sobre el rio: sus fachadas son tan grandes, que en toda esta extension se cuentan poco mas de 50 Palacios.

La Emperatriz actual ha hecho construir en toda la orilla de este rio un fuerte muro de granito, con sus ánditos de la misma piedra para la gente de á pie, y pueden pasearse sobre él quatro personas de frente. Desde aquí se disfruta una vista excelente: por un lado no se ven mas que hermosos Palacios, y por el otro corre el agua cristalina del espacioso Neva, sobre el qual hay en el verano una infinidad de navíos de todas Naciones, y muchísimas chalupas, cuya marinería está muy bien vestida, y de noche arman sus Conciertos, y entonan sus canciones Rusas todos á la par. Al anochecer se llena este sitio de gentes que van á tomar el fresco, y todos estos objetos juntos, ad-

mi-

miran y embelesan. El nuevo muro ó muelle del
rio se estiende todo lo largo de la ciudad, desde el
Convento de Señoras Nobles, hasta el Galerenhof ó
Galernidvor (Corte de las Galeras), que anteriormente era el Astillero de las Galeras, y hoy es
uno de los mejores barrios de Petersburgo, donde
habitan casi todos los Comerciantes Ingleses, los
que han fabricado en él una Iglesia.

Cerca del puente de Barcas que hemos citado,
entre el Almirantazgo y el Galerenhof, hay una
plaza que tendrá 120 brazas de largo, y de 67 á
70 de ancho, en medio de la qual está la Esta-
tuà de bronce de Pedro I. á caballo. Una piedra
sumamente grande le sirve de pedestal.

Los inteligentes aseguran, que esta Estatua es
una de las mas hermosas que se conocen, tanto por
la semejanza que el Escultor *Mr. Falconet* ha dado al Héroe que representa, como por la natural,
aunque dificultosa (atitud), que tiene. A caballo está como si quisiera salvar alguna altura, aludien-
do á los obstáculos que este Monarca supo vencer;
y su execucion ha sido tanto mas dificil, quanto
era necesario reunir todo el peso de la Estatua
sobre los quartos traseros del Caballo, debaxo del
qual hay una Serpiente del mismo metal. No es facil

cil asegurar, qué es lo que mas excita la atencion, si la Estatua ó el pedestal, si el trabajo del Escultor ó del Fundidor, ó el mecanismo del transporte de la piedra. Esta era un peñasco que habia en Finlandia, y estaba la mayor parte debaxo de la tierra: pesaba mas de 30℔ quintales, y por consiguiente era muy dificultoso encontrar medio para moverla y poder transportarla. Un Herrador de Petersburgo inventó un medio, con el qual pudieron llevar la piedra hasta el mar. Para esto hizo poner la piedra á fuerza de brazos encima de un trineo de metal para que pudiese resistir tal peso, y con la ayuda de rodillos, y mas de 400 hombres, la hicieron mover poco á poco, arreglando los trabajadores sus movimientos al son de un tambor, y al mando de algunos soldados que iban en lo alto de la piedra. Quando llegaron con ella á la orilla del rio, la pusieron en una balsa muy fuerte de madera, y así llegó hasta el mismo sitio donde hoy se halla. Esta piedra es una especie de granito, que con facilidad toma un hermoso pulimento. Muchas Señoras se mandaron hacer entonces de esta piedra pendientes, collares, anillos y otros adornos, para congratular á la Emperatriz. Es lástima que esta piedra no se haya conservado ente-

Cc

ra,

ra, pues se han ido desprendiendo algunos pedazos grandes. En la piedra hay escritas en letras de oro estas palabras: *Pedro I. Catalina II. posuit* 1782. Me han asegurado que la Estatua costó 500y rublos.

La mejor Iglesia que hay en Petersburgo, es la que llaman de los Marineros : tiene dos cuerpos, en el de abaxo hay estufas para el invierno, y en el de arriba algunos altares y retablos de la Virgen, sumamente cargados de adornos.

Muchos años hace que se empezó á edificar una Iglesia, con el nombre de *San Isaac*, que luego que se concluya será de las mas hermosas y vistosas que haya : su construccion es toda de mármol del país, que es una cantera que descubrió un Eclesiástico Finlandés, en una de las Islas del lago Ladoga. Hay hasta 20 especies diferentes de marmol, y aunque son tan vivos como los de Italia, no sacan tanto lustre como estos. La Emperatriz reynante hizo construir un Palacio de este marmol al Príncipe de Orlof, que actualmente pertenece al Gran Príncipe su hijo. Está situado á la orilla del Newa, y sin embargo de no ser el mas grande que hay en Petersburgo, es á lo menos el mas hermoso y costoso : el primer piso es de marmol sin pulimentar, y los dos altos superiores de marmol pu-

pulimentado, tanto por dentro como por fuera. La escalera principal es de las mas hermosas. Los muebles son de un gusto exquisito y de la mayor magnificencia. Me han asegurado que este Palacio costó cerca de 13 millones de rublos.

A medio quarto de hora de este Palacio, está el que llaman de Verano. La Emperatriz se servia de él quando solia ir en el verano de *Tzarsko-selo*, *Peterhof* ú otro sitio Imperial, á pasar algunos dias á la capital; pero esto sucede ya rara vez. Este edificio es de madera, y no tiene nada que sea digno de observar, pues hasta el adorno de los quartos es muy malo, y casi todos estan pintados de verde con diferentes esculturas doradas. Este Palacio tiene un hermoso Jardin adornado de Estatuas, Bustos y Grupos de marmol, que han costado sumas inmensas, pues todos los han hecho llevar de Italia. Junto al mismo Palacio está el Jardin, que llaman de Verano, que sirve de paseo al Público, y está igualmente adornado de Estatuas y Bustos. La entrada principal para este Jardin está del lado del rio, donde tiene un hermoso enrejado de hierro con diferentes figuras doradas. En este Jardin se han hecho varias iluminaciones y fuegos artificiales, y las que últimamente se hicieron en el

año

año de 1790, en celebridad de la última paz entre la Rusia y la Suecia, fueron muy vistosas.

. Como los Rusos han estado mucho tiempo sin tener mas comunicacion que con las Naciones Orientales, las han imitado en muchos puntos. A exemplo de estas tienen los Rusos en las ciudades todas sus tiendas reunidas en un solo edificio, que llaman *Gostinnoy-Dvor* ó *Bazar*, como los Orientales. En Petersburgo cada barrio tiene su Mercado particular; pero el mas grande y abundante de todos es el del Almirantazgo, que es un magnífico edificio quadrado: tiene dos altos separados por una bóveda, y al rededor de ellos se va por debaxo de unas galerías que descansan sobre pilastras: dos de estas forman un arco, y en cada uno hay una tienda, cuyas puertas y ventanas son todas de hierro. A nadie le es permitido tener fuego en las tiendas aun en lo mas riguroso del invierno; y aunque por algun funesto accidente llegáse á prender el fuego en este edificio, harian las llamas muy cortos progresos, por ser todo él de piedra y hierro. Estos Mercados estan divididos en diferentes Departamentos: en unos venden paños y telas, en otros pieles, en otros lienzos y modas, y en otros pescado, carne fresca y salada, y Volatería.

En

En el mismo lado del Almirantazgo está el Arsenal nuevo, construído báxo la direccion del Príncipe de Orlof; la Fundicion de Cañones y Morteros; el Jardin Italiano; el Lombard ó Casa de Niños Expósitos; la Botica y Caballerizas Imperiales; los Quarteles de los Regimientos de Guardias; el Almacen de víveres de la Emperatriz y otros edificios dignos de observacion; pero particularmente el Monasterio de *Voskresensy* (Epifania) construido por la Emperatriz Isabel, y destinado últimamente por la Emperatriz actual para la educacion de 200 Señoritas Nobles.

Quando Pedro I. fundó esta capital se temian aun allí á los Suecos, por cuyo motivo hizo construir una Ciudadela en el lado ó Isla de Petersburgo, para rechazar qualquiera tentativá de los Enemigos. Habiendo variado las circunstancias despues acá, ha quedado inútil la Ciudadela, y solo sirve de prision á los reos de Estado y á los prisioneros en tiempo de guerra. Tambien se guarda aquí la Caxa del Imperio: se labra la Moneda; y en los dias festivos se hacen las salvas. Mientras está abierta la comunicacion del Neva, todos los dias, al salir y ponerse el Sol, tiran un cañonazo en la Fortaleza, en señal de que antes del
ti-

tiro de por la mañana , y despues del de la noche , todo el mundo debe estar sosegado. Dentro de esta Ciudadela está la segunda Iglesia Catedral (pues la Iglesia de Kazan es la primera), que llaman *San Pedro* y *San Pablo* , con una Torre muy alta y su Chapitel todo dorado. Aquí estan los Sepulcros de Pedro I. , de la Emperatriz Catalina I. su Esposa , del Tzarewitch Alecsey, de su Esposa Princesa de Wolfenbütel , y los de las dos Emperatrices Ana é Isabel, que los cubren unas caxas quadradas y forradas con unos tapices de terciopelo carmesí con flecos de oro , y tienen bordado en medio el nombre del que allí yace. Tambien guardan en esta Iglesia todos los trofeos que toman á los Turcos y demas enemigos.

A un lado de la Ciudadela está la pequeña Casa de madera que se hizo para Pedro I. la qual, digamoslo así , fué el fundamento de esta famosa capital. Los Rusos veneran mucho este monumento, que para resguardarlo de la intemperie le han hecho un cobertizo de piedra. Hay tambien aquí una lancha ó bote Holandés , que dicen construyó el mismo Pedro I. En este barrio solo habitan ahora las gentes pobres y los soldados ; pero es digno de observarse por la Casa de Inoculacion que Catalina II.

ha

ha hecho construir nuevamente en él.

En el lado ó Isla de Viburgo hay poco que sea digno de notar, á excepcion de los dos Hospitales para el Exército y para la Marina, fundados ambos por Pedro I. El de tierra tiene 90ɥ rublos de renta al año : se pueden cuidar en él mas de 2ɥ enfermos con la mayor comodidad y aseo: cada uno tiene su cama, y todas las semanas se les muda la ropa; la comida y los remedios son muy buenos y en abundancia : en cada Sala no puede haber mas de 20 enfermos. En estos Hospitales se enseñan todas las Ciencias relativas á la Cirugía y Medicina. En esta Isla estan tambien los Cementerios Ruso y Alemán.

En Petersburgo se cuentan 76 Iglesias, de las quales hay 64 Rusas, 4 Alemanas Luteranas, una de reformados Alemanes, una de reformados Franceses, una Sueca, una Finlandesa, una Inglesa, una Holandesa, una Católica Romana y una Armenia nuevamente consagrada.

Los Chapiteles tan bien dorados que hay sobre algunas Torres, hacen una hermosa visualidad quando se da vista á esta ciudad.

Como las distancias son tan grandes en Petersburgo, se sirven en el verano de una especie de

car-

carruages de alquiler, que llaman *Droschka*, y en el rio y en los canales hay una infinidad de Chalupas, con las que se puede travesar por agua toda la ciudad; pero particularmente en el invierno todas las calles estan llenas de *Isvoschiks* (Carruageros), que con sus *Zanky* ó trineos conducen á las gentes por poco dinero de un lado al otro de la ciudad. Cada Isvoschiks de estos lleva en las espaldas un pedazo de hoja de lata quadrado, con su número, y el nombre del Amo á quien pertenece, para poderlos conocer en caso de tener que quexarse de ellos.

En Petersburgo cuesta mucho el tener Coche, y los mas son de alquiler. Los Ministros Estrangeros tienen precision de llevar seis Caballos en los Coches, los que regularmente alquilan con su Cochero y Postillones, y les viene á costar 125 rublos todos los meses. En el invierno quitan las ruedas á los Coches y los ponen sobre patines, para poder tirar de ellos con mas facilidad sobre la nieve.

Nadie puede salir de Petersburgo sin hacer poner por tres veces su nombre en la Gazeta, para que los acreedores ó gente que tenga que repetir contra qualquiera, tengan tiempo de executarlo. Despues de esto es necesario obtener un *Pode-*

ros-

roschna ó Pasaporte, en el que va expresado el número de Caballos que se deben tomar en la posta para el viage. Es casi imposible salir del Imperio sin llevar un Pasaporte de estos, pues á la entrada de cada pueblo lo exîgen y detienen á los que van sin él.

En ningun país del mundo se construye tanto ni tan pronto como en Rusia; pero tambien es esta la causa de que los edificios no tengan aquella solidéz que requieren, y por lo regular son todos de poquísima duracion. Los ladrillos son muy malos, y los Albañiles no preparan bien la cal, y trabajan generalmente de prisa y mal. Hay aún en Petersburgo muchas Casas de madera; pero conforme se van destruyendo, las van reedificando de piedra. Se cuentan en esta capital cerca de 200y habitantes sin incluir la guarnicion.

26.º

Del rio Neva.

Este rio, sobre el qual está situada la ciudad de Petersburgo, es uno de los mas hermosos y caudalosos que hay en Rusia: es navegable como casi todos los de este Imperio; pero los navíos gran-

des

des no pueden llegar hasta la capital á causa de los Bancos de arena. Su mayor anchura en la ciudad es de 800 pasos , y la menor de 400 á 500. Es un objeto de diversiones en todo el año; en el verano, como queda dicho , á causa de la hermosa y cristalina agua , sobre la que flotan una infinidad de navíos y chalupas ; y en el invierno por las funciones que sobre él hacen. El rio se yela regularmente en el mes de Octubre , de esta manera : luego que comienzan los frios se empieza á helar el lago Ládoga , que es donde nace el Neva; pero como los yelos no llegan á tomar aún bastante resistencia, se quiebran y baxan con la corriente, de suerte , que por 3 ó 4 dias está el rio cubierto de témpanos. Entretanto sobreviene una noche de riguroso frio , que al mismo tiempo yela la superficie del agua y reune los yelos que baxan del lago : estando así hay gentes que se determinan á pasarlo á pie ; pero como aun no está firme por todas partes , muchos se sumergen y suceden muchas desgracias. En seguida con la continuacion del frio (que ha llegado algunas veces á 33 grados), va tomando cuerpo el yelo, y se va afirmando con las nieves que diariamente caen , y entonces ya se pasean por el rio en Coches y demas

Car-

Carruages. Casi enfrente de la Ciudadela hacen una
especie de barrera en mitad del rio, donde van á
correr los Caballos en los trineos, y hay fuertes
apuestas; á este espectáculo concurre mucha gente, particularmente los dias de fiesta. Tambien forman en medio del rio una especie de Castillos de
madera de poco mas de 20 varas de alto, que llaman las Montañas de yelo: tienen por un lado una
escalera, y por el otro una especie de rampa tambien de madera, toda cubierta de yelo. La gente
que va subiendo se sienta en una especie de tabla
quadrilonga con patines por abaxo, van por lo regular dos personas en cada una, y se dexan ir toda la cuesta abaxo con tanta rapidéz, que quando llegan á pararse es despues de haber corrido
mas de mil pasos. El que va sentado detras tiene
cuidado de gobernar la tablilla para que no se la-
dee, porque si eso llega á suceder, pierde toda la
fuerza y el rumbo, y si la otra que la sigue (pues
se suceden unas á otras con mucha celeridad) llega á alcanzarla, estropea á los que van en ella,
cosa que sucede con freqüencia : regularmente hacen dos montañas de estas enfrente del Almirantazgo; y casi todo Petersburgo en Coche ó á pie
concurre á esta diversion, que es muy vistosa, y

se

se hace por lo regular en las Carnestolendas. Los muchachos baxan tambien esta cuesta con patines en los pies, y un palo en la mano para guardar el equilibrio; esto es sumamente expuesto, porque al menor tropiezo pierden el equilibrio, y como van con tanta rapidéz, caen y se desnucan ó estropean, particularmente si los que van en las tablillas llegan á arrollarlos.

En el mes de Abril se desyela comunmente el rio, que es quando ya ha cesado el frio y son los dias serenos. Las nieves se van derritiendo poco á poco, hasta que despues de muchos de estos dias no queda alguna, y el yelo se va abriendo por muchas partes; pero nunca se llega á ver corrientes las aguas hasta que un fuerte viento de mar hace que el agua rompa el yelo por debaxo, y lo desprenda en grandes pedazos que la corriente lleva al mar. Muchas veces ha sucedido que estando la gente pasando de un lado á otro del rio, creyendo que el yelo no se abriría aun en algunos dias, segun la experiencia que tienen, se ha puesto de improviso en movimiento, y se han ahogado muchos.

El agua que se bebe en Petersburgo es la del rio, que es muy saludable: para sacarla en el in-

vier-

vierno abren unos hoyos en medio del yelo, donde tambien van las mugeres á labar, pues solo se yela la superficie poco mas de una bara, y el agua corre siempre por abaxo. Hace algunos años, que estando una muger labando en medio del rio en un hoyo de estos, empezó el yelo á dar crujidos y á ponerse en movimiento el agua : la muger, que se vió llevar rio abaxo, se asustó al principio, pero despues fué muy serena en su Isla de yelo, hasta que junto á Cronstadt la sacaron unas lanchas á fuerza de mucho trabajo. Tambien hacen muchas muertes en el rio, y echan los cadáveres en estos hoyos, de suerte, que así es muy dificil descubrir los reos á menos que no les cojan en el hecho. Suelen suceder mil desgracias á los que viajan en Carruages por el rio, pues muchas veces el yelo no tiene por todas partes igual resistencia, ó la fuerza del agua lo rompe por muchos parages, y como todo está cubierto de nieve, no se conocen estas aberturas; y así luego que los zanki ó trineos entran en un parage de estos, se sumergen en el agua, y perecen quantos van dentro de ellos; así perecieron últimamente diez personas que iban de Cronstadt á Petersburgo en un Carruage de estos ; pues todo el mar del Golfo de Fin-

lan-

landia está igualmente helado, y son infinitos los que van por estos caminos de yelo á Stockholmo y otras ciudades.

Quando el rio se queda helado, pasa el Gobernador de la Ciudadela al otro lado del rio, y entrega á la Emperatriz las llaves de la Fortaleza, y luego que se desyela y se abre la comunicacion, pasa en una lancha á tomar otra vez las llaves: en esta ocasion siempre le regala la Emperatriz una caxa de oro ú otra alhaja de mucho valor.

Desde tiempos muy remotos han tenido los Rusos la costumbre de bendecir el agua una vez al año; y ésta subsiste aún. En Petersburgo se hace esta ceremonia con la mayor magnificencia y aparato el dia de Reyes, enfrente del Palacio de Invierno de la Emperatriz, donde rompen el yelo, y encima de esta abertura hacen un pavellon, á donde va todo el Cuerpo Eclesiástico en procesion con mucha pompa; y concurre tambien la Emperatriz y toda la familia Imperial. Despues de muchos rezos y genuflexiones, se bendice el agua del Neva, y en unos vasos de oro la presentan á la Emperatriz y á la familia Imperial. Millares de gentes estan allí esperando con impaciencia que esta ceremonia se acabe, y se dan prisa á llenar sus

va-

vasijas de agua bendita de miedo, segun ellos mismos dicen, que la virtud no se exâle. Tambien bautizan aquí las criaturas recien nacidas.

La Emperatriz Ana hizo construir en el invierno del año de 1740 un Palacio todo de yelo en medio de este rio, como tambien los muebles que lo adornaban, y quatro cañones y dos morteros, que dispararon varios tiros sin rebentarse. Este Palacio fué hecho para celebrar la boda del Príncipe de Galitzin, que era entonces Bufon de dicha Emperatriz, la qual lo casó con una muger del pueblo, y los obligó á que durmiesen la primera noche dentro de dicho Palacio, en una cama de yelo, habiendo puesto centinelas á la puerta para no dexar salir á los dos Esposos hasta por la mañana.

27.º

Cercanías de Petersburgo.

A poco mas de 5 leguas de esta capital está un Palacio de recreo, que llaman *Tzarsko-celo*: el camino es hermosísimo, muy ancho y bien empedrado. A los dos lados tiene una infinidad de Casas de Campo y Jardines, que lo hermosean mucho.

La

Las verstas estan señaladas por unas pirámides de mármol pulimentado de 16 pies de alto. El exterior de este Palacio es tan magnífico, que al pronto parece como imposible que el interior pueda ser correspondiente. Tiene tres altos adornados de una infinidad de colunas, de cariátides y de toda suerte de esculturas. Delante del Palacio hay una Plazuela casi oval cercada de un enrejado de hierro muy bien trabajado y casi todo dorado. Los inteligentes hallan que este edificio concluído en tiempo de la Emperatriz Isabel, está sumamente cargado de adornos y de dorados. La Escalera principal es de un estuco muy hermoso, gris y oro: por ella se sube á una grande hilera de quartos ricamente barnizados y dorados, en los que se hallan tambien muchas columnas y Estatuas igualmente doradas. Los techos estan todos pintados y tienen hermosas perspectivas. Una de las mejores piezas de este Palacio, es la que tiene las paredes revestidas de ambar y porcelana, que es regalo de uno de los Reyes de Prusia. De aquí se pasa á otros quartos donde hay algunas pinturas buenas, y en seguida de estos estan los que habita la Emperatriz, que son igualmente ricos y de buen gusto. El Jardin de este Palacio es de los mas hermosos, y

pue-

puede compararse con los mejores de Europa : se encuentra en él mucha variedad ; en algunas partes está cultivado á la Inglesa , y en otras á la Holandesa , porque la demasiada uniformidad cansa, y por lo mismo hay esparcidos en él una infinidad de objetos que á cada paso excitan la admiracion. Los mas dignos de observarse son los siguientes : enfrente del Balcon de la Emperatriz hay una calle muy ancha al principio , y angosta al último , con un hermoso obelisco al fin , todo á la Italiana. Cerca del Palacio hay una pirámide de Egipto por el gusto de la de *Cestius* en Roma , pero no tan grande. Otra pirámide mas pequeña tiene una inscripcion en honor del Conde *F. Orlof*, en memoria de la victoria que ganó á los Turcos en la Morea el 13 de Febrero de 1770. En otro sitio se echa de ver una columna muy grande semejante á un monumento erigido en Lóndres. Esta es en honor del Conde *A. Orlof*, por la batalla que ganó á los Turcos en *Tchesme*. El mejor y mas hermoso adorno de este Jardin es un puente de marmol, gris y blanco, que hay sobre un arroyo ; está construído por el gusto de Paladio , y cubierto de un techo sostenido por unas columnas de órden Jónico del mismo marmol pulimentado.

Ee

Yen-

Yendo ácia el Golfo de Finlandia, como á seis leguas y media de la capital, se llega á otro Sitio Imperial, llamado *Peterhof*, construído por Pedro I.: no es tan grande ni tiene tanta magnificencia como Tzarsko-celo; pero su situacion natural es hermosísima: tiene vista sobre todo el Golfo, que continuamente está lleno de navíos, barcas y chalupas, y se descubre á un mismo tiempo la capital y el puerto de Cronstadt. La construccion del Palacio es de ladrillo y hieso: los quartos estan ricamente adornados de Estatuas, dorados y muebles. Aquí tiene la Emperatriz una mesa de confidencia, y á la Sala donde está no se sube por escalera, sino que elevan en unos canapés á los favorecidos, que de repente se hallan sentados á la dicha mesa, que ya está cubierta. La mesa tiene sus aberturas, á las quales por medio de unos cañones suben y baxan los platos: en cada cañon hay una campanilla, y los criados que estan abaxo conocen al sonido de ella los platos que piden, é inmediatamente los hacen subir, pues tienen por escrito el número y el órden que deben llevar estos platos. A causa de la extraordinaria elevacion de las aguas, y de la multitud de los saltadores, cascadas, &c. que hay en el Jardin de Peterhof, le

han

han puesto á este sitio el *Versailles del Norte.*

En el mes de Agosto se celebran aquí los dias del Gran Príncipe actual de Rusia *Pablo Petrowitch*: la Emperatriz da un bayle de Máscara, al que concurren mas de 10y personas: la mayor parte de las gentes se pasean en los Jardines, que estan iluminados, como igualmente los navíos y los yagts, que hay en el Golfo, y tambien las fuentes y las cascadas, sin que las aguas que pasan por encima de los lampiones apaguen estas luces. El conjunto de esta fiesta es de lo mas magnífico que se puede ver; pues en ningun país del mundo se gasta tanto como en Rusia en iluminaciones, fuegos artificiales y otras superfluidades de igual naturaleza.

Mon plaisir es otro Palacio de recreo situado sobre el mismo lago, y digno de observar por sus hermosísimas vistas: entre otras cosas se nota aquí el baño de la Emperatriz, que es de la mayor elegancia.

La situacion de *Oraniembaum*, cerca del Golfo, no es menos alegre que la de Peterhof: este Palacio fué construído por el Príncipe de *Menschicof*: los Jardines son hermosos, pero como la Emperatriz no va nunca á este Sitio, los han ido abandonando, y el Palacio va ya en decadencia; aunque no

tan-

tanto como el de *Strelna-mūza* empezado por Pedro I. y que nunca han querido concluir: los Jardines de este Palacio eran en sus principios muy hermosos, y ahora solo se encuentran en ellos muchos árboles frutales de muy buena calidad, y raros en aquellos países.

Se cuenta que el Arquitecto que empezó la construccion de este Palacio, apurado por la hipocondría se ahorcó quando ya la Obra se estaba concluyendo. El horror que los Rusos tienen al Suicidio ha sido la causa de haber dexado este edificio imperfecto. Tambien cuentan lo propio de una Iglesia que hay empezada mucho tiempo há en Petersburgo entre los dos Hospitales, y que no acaban de construir: la supersticion de los tiempos antiguos, que aun hoy reyna entre el Pueblo Ruso, hace creible esta suposicion.

La Emperatriz reynante ha hecho construir otro hermoso Palacio á doce werstas de la capital, y le ha dado el nombre de *Kikiriki*, á causa sin duda de las muchas ranas que hay en aquellos alrededores: su arquitectura es toda Gótica.

El terreno de los contornos de la capital es seco y arenoso, y está casi todo cubierto de bosques y muy poco cultivado.

La

La fruta de Jardin es muy buena, pero escasa y demasiado cara; la mayor parte la llevan de *Lübeck* y otros puertos de Alemania: he visto pagar las primeras Cerezas y Melocotones á dos rublos la pieza, y así en muchas mesas gastan solo en fruta 2 y 3 rublos. Como todos los comestibles se hallan allí en abundancia, los Estrangeros solo echan menos la fruta, que sin embargo de haberla en abundancia, no todos pueden comprarla á un precio tan alto. Los Jardineros Rusos cultivan particularmente las Coles, Zanahorias, Cebollas, Ajos, Zetas, Pepinos, Rábanos y otras raices, que son la comida ordinaria de los pobres: tambien cultivan mucho los Esparragos, que los he comido tan grandes, que solo tres pesaban una libra.

En el camino de Peterhof hay una hermosa alameda, que llaman *Catrinhof*, donde va muchísima gente á divertirse, particularmente el dia primero de Mayo.

Baba es una Casa de Campo de *Mr. Narischkin*, donde concurre el pueblo en el verano. Este Señor da bayles y conciertos de música, y de refrescar de valde á todo el mundo. Su hermano tiene otra Casa de Campo á pocas werstas de ésta, que llaman *Haha*, donde el público tiene entrada libre: estos

tos

tos dos hermanos tienen un gusto particular en gastar una gran parte de sus rentas en divertir al pueblo con fuegos artificiales, bayles, banquetes, &c.

El Monasterio de San Alexandro Nefsky, que está situado cerca de la ciudad, fué fundado por Pedro I. en honor de Alexandro Nefsky, Gran Príncipe de Volodimir, contado en el número de los Santos por la Iglesia Rusa; y en memoria de la batalla que en este mismo sitio ganó á los Suecos en el año de 1240. Este edificio es sumamente vasto, y contiene seguramente mas de 200 habitaciones: su Templo es de dos Cuerpos ó Iglesias; en la de arriba mandó hacer la Emperatriz Isabel un Sepulcro y un monumento para el Santo, todo de plata maciza y con muchos adornos: en la de abaxo yacen Pedro III., la primera Esposa del Gran Príncipe actual, y María, una de sus hermanas. En el Cementerio de esta Iglesia entierran á todas las personas de distincion. Todos los años el dia 30 de Agosto, que es la fiesta de la Orden de San Alexandro Nefsky, se hace aquí una procesion muy solemne, á la que asisten todos los Caballeros de la Orden. El Arzobispo de Petersburgo tiene su residencia en este Monasterio, y le dan el título de Eminencia, y tiene el grado de Feld-Mariscal: la

Bi-

Biblioteca de este Monasterio contiene muchos libros de todas ciencias, y escritos en todas lenguas: tiene tambien un Seminario para la enseñanza de los jóvenes destinados á la carrera Eclesiástica.

En todos los contornos de Petersburgo no hay situacion mas hermosa que la de *Kamennoy-Ostrof* (Isla de piedra): toda la orilla al rededor está plantada de árboles. El Gran Príncipe actual , á quien esta Isla pertenece , ha hecho construir en ella un Palacio de recreo , una Casa y una Iglesia para los Marineros Inválidos. El Conde de Stroganof tiene tambien en esta Isla una hermosa Casa de Campo con su Jardin , que sirve igualmente de recreo al público en el verano.

La *Apotekersky-Ostrof* (Isla del Boticario) es muy hermosa por sus Bosques y Jardines , en los que se encuentra toda especie de plantas Estrangeras: en esta Isla está la fábrica del Salitre.

A poco mas de seis leguas de Petersburgo está el puerto de *Cronstadt* , que es el mayor que tiene la Rusia en el Báltico. En este puerto pueden estar con desahogo mas de 400 buques : hay un abrigo para los navíos de guerra cerrado por unas exclusas como en Brest y Portsmuth, pero con la diferencia de que en estos puertos el agua se retira

ra con el refluxo, y cierra las puertas de las exclusas, y aquí es necesario extraer el agua con la
bomba de fuego. El puerto de Cronstadt se puede
considerar por el de Petersburgo, pues en él solo
se quedan los navíos grandes que á causa de los
bancos de arena que hay en el Neva no pueden
subir hasta la capital, y tienen que enviar sus car-
gamentos en unas Galeotas Rusas á Petersburgo;
cuyo transporte les cuesta mucho dinero, y así procuran ir á Rusia en navíos pequeños para ahorrar-
se estos gastos. Los navíos que se construyen en
el Astillero de Petersburgo los llevan á armar á
Cronstadt: la ciudad es bastante grande, pero las
Casas son casi todas de madera.

El camino de Petersburgo á Riga está hasta poco mas de ocho leguas, todo cubierto de hermosos Palacios, Jardines y Casas de Campo; pero á
cierta distancia de la capital se va echando ya de
ver la miseria que en general reyna en todos los
lugares de la Rusia, que son por lo comun pequeños, dispersos y sumamente pobres. Las Casas son
todas de madera, y las calles estan cubiertas de
tablas y leños, pues solo las ciudades grandes estan empedradas.

Yendo de Petersburgo á Moscof está *Tver*, ciudad

dád bastante grande y hermosa: en 1763 la mayor parte de ella fué destruída por un grande incendio: la Emperatriz señaló 50ų rublos para volverla á reedificar: las calles están tiradas á cordel, y las Casas son todas de arquitectura Italiana. La Nobleza de este país, en agradecimiento de la generosidad de la Emperatriz, ha erigido un monumento en honor de Catalina II. que es un obelisco de mármol, inventado por el Arquitecto *Veldten*.

En Rusia se corre la posta con muchísima celeridad. De Viburgo á Petersburgo, que hay poco mas de 23 leguas, me he puesto yo con un Correo Ruso en 8 horas y quarto. El camino de Petersburgo á Moscof le hicieron en el invierno en 48 horas, y hay una distancia de 122 leguas.

28.º

De la Corte.

EL método de vida que los Grandes de Rusia seguian antiguamente, todo era á la Asiática: y aun hoy se encuentran algunos que viven del mismo modo en lo interior del Imperio. El de los Tzares era igual al del Gran Señor; se hacian ver en público muy rara vez, y el que llegaba á acer-

Ff   car-

carse á ellos lo tenia por uno de los mayores favores que podia recibir. Quando el Tzar iba por las calles, todos tenian que arrodillarse aunque fuera en medio del fango. Todos estos usos antiguos se mudaron en el reynado de Pedro I., que lo puso todo sobre el pie de las demas Cortes de Europa: con la diferencia de que en lugar de los excesivos gastos que en estas destruyen la hacienda del Estado, introduxo una sencillez en el trage digna de alabanza y necesaria en vista de lo mucho que le habian costado las muchas guerras que sostuvo y las grandes empresas que intentó; pero desde aquel tiempo el luxo se ha ido introduciendo y apoderandose progresivamente de todo lo que rodea el trono, á proporcion que los usos y costumbres han ido variando en otras Cortes de Europa, por las quales siempre se ha guiado la de Rusia.

El Palacio antiguo de los Tzares está ahora habitado por los Músicos y Cómicos de la Corte. El que habita actualmente la Emperatriz, es un vasto edificio casi quadrado, concluído en tiempo de la Emperatriz Isabel, que nunca llegó á habitarlo: está situado á la orilla del Neva junto al Almirantazgo, la fachada opuesta á la que da al rio tiene 3 altos, y en cada uno hay 54 ventanas, que

dan

dan vista á una hermosa y espaciosa plaza : la cornisa de este edificio está adornada de dos hileras de Estatuas y otros ornatos que se encuentran en todos los edificios del tiempo de la Emperatriz Isabel. Todos los que han visto este Palacio les desagrada por su inmensa extension y uniformidad, pues no tiene nada que interese ó entretenga la vista : está tan mal cuidado, que por muchas partes se va cayendo y arruinando; y quando yo salí de Petersburgo estaban reparando toda la fachada que cae al rio. Lo mas digno de notar en él, es la construccion y hermosura de la Escalera principal, que es toda de marmol. La Emperatriz habita una muy corta parte de este edificio, que está adornada con la mayor magnificencia. El Gran Príncipe vive al otro lado con toda la infinidad de gentes que dependen de ambas Cortes.

En una gran Sala de este Palacio está la Corona, el Cetro, &c. ricamente guarnecidos de piedras preciosas; al rededor de ella hay unos armarios con sus puertas de cristal, en los quales hay una infinidad de pedrerías y otras riquezas. En ningun país del mundo se gasta tanto luxo, ni hay tanto gusto en los brillantes como en Rusia. El Príncipe de Orlof compró hace años un dia-

Ff 2

man-

mante al Mercader de Persia, llamado *Gregorio Safraz*, que pesó 779 granos, y le regaló á la Emperatriz. Se asegura pagó por él 450y rublos, y una pension vitalicia al dicho Mercader: este diamante es uno de los mayores que se conocen.

Un cobertizo muy grande une el Palacio de la Emperatriz con el *Hermitage*, que es un edificio quadrilongo, en medio del qual hay un hermoso Jardin formado sobre un grande embovedado, en el qual entra la Emperatriz á pie llano desde su habitacion, que es en el segundo alto: en todo lo largo de este edificio está la Galería de Pinturas de la Emperatriz, y algunos Gabinetes secretos muy bien adornados; y en una hermosa Sala redonda está la Biblioteca.

El número de Pinturas que componen la Galería llega á cerca de 3y. Muchas de ellas, segun dicen, no son de los Pintores de quienes tienen el nombre, particularmente las atribuidas á Corregio. Sin embargo de lo mediana que es esta numerosa Coleccion, hay en ella algunas pinturas buenas, y mas de la Escuela Flamenca, que de la Italiana ú otras. El Gabinete del difunto Conde de *Bruhl*, que costó 90y rublos, compone una gran parte de esta Galería: entre estas pinturas hay muchas

chas que no son mas que una débil copia de las de los Pintores Italianos, de quienes tienen el nombre. Esta Coleccion se ha ido aumentando despues con las diferentes compras que ha hecho esta Emperatriz en Holanda, Francia, Inglaterra y otras Potencias; pero ninguna de ellas merece cansemos al Lector con su descripcion.

Se habrá ya observado hasta qué punto habia degenerado la sencillez que antiguamente reynaba en la Corte de Rusia: no obstante esto, nos parece conveniente hablar aquí con mas extension de la brillantez y magnificencia que decoran hoy dia esta Corte.

La de Petersburgo era, sin exâgeracion alguna, despues de la de Versailles, la primera en punto á riquezas y ostentacion; y así lo confiesan unánimemente todos los que habian visto estas dos Cortes. Pedro I. se hacía llevar en una Calesa ordinaria, detrás de la qual iba un Gentil-Hombre, que llamaban entonces *Denschik*: hoy dia el mas inferior de los empleados en la Corte lleva un tren magnífico. En los dias solemnes todo anuncia ahora tanto esplendor como opulencia: todos los Domingos y fiestas grandes hay Corte por las mañanas, y por la noche bayle en Palacio para toda la Noble-

za,

za, Ministros Estrangeros, y todos los que hayan sido presentados á la Emperatriz. Esta asiste muy poco á estas funciones, y se pasan los meses enteros sin que se la vea. El Gran Príncipe, su Esposa y sus hijos, son los que regularmente asisten á estas diversiones. El número de empleados en la Corte es muy grande : Mariscales, Gentiles-Hombres, Ayudas de Cámara ; en seguida de estos los Pages y Lacayos de la Corte, que tienen uniforme verde y encarnado, con unas águilas bordadas de oro en todas las costuras : despues de estos vienen las Guardias de la Emperatriz, que son la flor del Exército Ruso ; pero con particularidad los Caballeros Guardias, que es un Cuerpo sumamente lucido : hacen la guardia en toda la habitacion de la Emperatriz : tienen uniforme azul con vueltas y solapas encarnadas, como la Caballería ; pero llevan en el pecho y sobre la espalda una coraza de plata, en la que estan bordadas de negro y encarnado las Armas del Imperio : en la cabeza llevan un morrion de plata con una águila dorada en lo alto, y por encima de ésta sale un hermoso penacho de plumas, que les da un ayre verdaderamente guerrero : los brazos los tienen guarnecidos con unas planchas de plata unidas con ca-

de-

denas del mismo metal: el puño y la bayna de los Sables son igualmente de plata. Me han asegurado, que cada armamento de estos le cuesta al Estado mas de 2ᵭ rublos. Este Cuerpo se compone de 100 hombres, los mas hermosos y escogidos en todo el Exército, y tienen el grado de Tenientes. La Emperatriz es el Capitan de este Cuerpo.

El excesivo luxo, y el fausto de la Corte y de la Nobleza, es una peligrosa seduccion para los demas Ciudadanos, en particular para los Comerciantes, que quieren seguir en todo los pasos de aquellos: dan banquetes, mantienen una infinidad de Criados y Coches, y las resultas son quebrar y arruinarse para siempre.

Dentro del mismo Palacio de la Emperatriz está el Teatro de la Corte, que fué construído por el célebre Arquitecto *Castrelli*, en tiempo de la Emperatriz Isabel: es sumamente cómodo y magnífico; al rededor del patio se cuentan sesenta palcos en quatro altos, y enfrente del Teatro está el de la Emperatriz ricamente adornado; pero la Soberana no va nunca á él porque se pone en uno de los mas cercanos al tablado, sobre el qual está el del Gran Príncipe su hijo. Los demas Palcos los reparten entre los Grandes, á proporcion de

sus

sus dignidades y empleos : toda persona decente puede entrar á ver la Comedia ; pero lo que á todos desagrada es tener que esperar en la puerta hasta que un Criado se haya informado de la qualidad del sugeto para ponerlo en el lugar que le corresponde. La Emperatriz mantiene ahora dos Compañías de Cómicos , una Francesa y otra Nacional ; entre estos últimos se distinguia con particularidad el famoso *Demitriefsky* , que ha traducido en Ruso muchas Operas Italianas , que se representan en el dia con buen suceso en el Teatro Nacional. Un Español , llamado *Vicente Martin* , que es Maestro de Capilla de la Emperatriz , ha puesto tambien en música muchas Operas de estas.

29.º

Estado de las Ciencias.

LAs Ciencias fueron conocidas en Rusia aun antes del siglo XV., pero como los Rusos no tenian comunicacion alguna con las demas Naciones , han vivido hasta ahora en la mas ciega ignorancia.

Pedro I. fué el que restableció las Ciencias en su Imperio , para cuyo efecto no perdonó gasto. Este Príncipe habia admirado la industria de los

In-

Ingleses y Alemanes, pero no habia exâminado la causa que hace que estas Naciones sean industrio- sas; y así creyó que bastaba el obligar á su pue- blo á imitarlas quando debia él mismo conocer, que para esto era necesario imitar su Gobierno, de ma- nera que Pedro I. no sacó de sus Vasallos todo el fruto que se habia propuesto, y los culpaba, de- biendo culparse á sí mismo. Sus antecesores habian ya intentado ilustrar á sus pueblos atrayendo al Imperio Ruso Estrangeros de todas Artes y Cien- cias, y fundando establecimientos para la educa- cion Nacional; tal fué la que Yaroslaf I. hizo en Nowogorod en 1054, en la que se educaban en las Letras mas de 300 jóvenes.

Pedro I. dexó proyectados varios establecimien- tos, como son: la Académia de las Ciencias de Pe- tersburgo, y las Universidades de Moscof y Kief.

La Académia de las Ciencias es un magnífico edificio, situado en la orilla del Neva, casi en- frente del Palacio de la Emperatriz, y fué crea- da por Catalina I. Tiene su Biblioteca, y un her- moso Gabinete de Curiosidades Naturales y Arti- ficiales: el qual, sin embargo de lo mucho que pa- deció en el incendio de 1747, es aún de los mas ricos. En lo alto de este edificio hay un hermoso

Ob-

Observatorio construído en 6 ángulos. El primer piso se compone de un gran número de quartos, en los que trabajan infinidad de Artistas en todos géneros, y particularmente se hacen Mapas geográficos. Desde mediados del siglo XVII. se empezaron á trazar Mapas de la Rusia generales y particulares; pero ninguno de ellos estaba exâcto, pues eran hechos por los Estrangeros que no conocian el país que trazaban. Pedro I. (1) trabajó tambien en

_____

(1) En 1719 dos Oficiales inteligentes fueron enviados por Pedro I. para reconocer las costas y la situacion del mar Caspio, que era muy poco conocido hasta entonces, y levantaron un Mapa excelente y muy exâcto, que el Tzar regaló á la Académia de las Ciencias de París, de la qual era miembro. Este trabajo se atribuyó mucho tiempo á la curiosidad del Soberano; pero sus verdaderas miras se manifestaron despues quando en 1722 marchó con un fuerte Exército contra la Persia, que se hallaba entonces sublevada, y tomó las provincias de *Daguestan*, de *Guilan*, de *Mazandaran* y de *Astarabat*, las quales le aseguraban la conquista del resto de la Persia; pero los Rusos evacuaron despues todas estas provincias á causa de que les costaban mucho mas de lo que podian producir, y temiendo la guerra con los Turcos, los quales no podian ver con indiferencia los progresos de los Rusos en esta parte del Asia

en este asunto, y desde entonces se ha perfeccionado la Geografía de la Rusia con los viages que varios Sabios han hecho en las provincias mas interiores del Imperio; y el Gobierno actual ha hecho un servicio muy importante para el entendimiento humano, enviando á los *Gemelins*, *Stelers*, *Müllers*, *Pallas*, *Georgis*, *Laxmans* y otros Filósofos á estudiar la Naturaleza y usos del hombre entre los *Tcheremisos*, *Samoyedos*, *Kamtschádalos* y otros pueblos bárbaros. El mejor Mapa que actualmente hay de la Rusia, es el que se hizo en esta Académia en 1776, por el qual se decide, que la península de Kamtschatka está separada de la América solo por algunas pequeñas Islas situadas entre los 210 y los 230 grados de longitud, y entre los 56 y los 61 grados de latitud. El Observatorio tiene una grande Coleccion de instrumentos Astronómicos, entre los quales se nota un Tubo, su Autor *Dolland*, de 18 pies, que probablemente es uno de los mayores que existen; y un quarto de círculo mural de 8 pies, hecho por *Bird*. Sobre la bóveda del Observatorio hay una gran Sala, en la que han juntado muchas Esferas, Globos, y una infinidad de modelos, que es en lo que consistia el Gabinete de Pedro I.: es de notar, entre otras co-

sas,

sas , un Espejo Ustorio , fabricado por *Tchirnhausen,* de 5 pies de diámetro , y de cerca de 2 de grueso, cóncavo por ambos lados : se halla tambien el mo-délo de un navío de 120 cañones , y otro de una ga-lera con 25 órdenes de remos : un Globo celeste de cobre sobredorado de ocho pulgadas de diámetro, que tiene en medio un relox de repeticion ; y por último , un Globo terrestre de plata , hecho por un Ruso , llamado *Peskof.* En medio de este Salon hay un Globo de cobre de 7 pulgadas de diámetro, he-cho por el célebre *Blauw* , que los Estados Gene-rales de Holanda regalaron al Tzar Alecsey Mixailo-witch. Tambien hay un sistema planetario muy hermoso , que es una máquina de reloxería : está rodeado de un Globo de vidrio , que representa la bóveda celeste con estrellas pintadas de blanco : ha servido este Globo para dar una idea de la Astro-nomía al Gran Príncipe actual.

Entre la Académia y los Colegios Imperiales hay una espaciosa plaza , y en medio de ella un edificio de media naranja , dentro del qual está un Globo de 11 pies de diámetro , que llevaron de Gottorp en Alemania : el cuerpo de este Globo es de hoja de lata , guarnecida de madera y cubier-ta de un lienzo barnizado ; en el que un célebre

Ar-

Artista ha pintado la tierra segun los nuevos des-
cubrimientos: sobre los lados se ve el firmamento,
y unos clavos dorados sirven de estrellas. Dentro
de este Globo hay una mesa rodeada de bancos,
en la que dieron un almuerzo de improviso al difunto Rey de Suecia Gustaf III. quando estuvo en
aquella capital: se dice en Petersburgo, que este
Globo es el mayor que existe, pero no es cierto, pues en *Cambridche* en Inglaterra, hay uno de
18 pies de diámetro.

Si hubieramos de hablar del Gabinete de Curiosidades Naturales, con la extension que del de
Astronomía, fuera menester un grueso tomo, y no
convendría con la brevedad del plan que nos hemos propuesto; ademas de que el célebre Naturalista Pallas ha dado una descripcion completísima
de este Gabinete, muy conocida en toda Europa, y en la qual no ha dexado nada que desear al
público, y así solo citarémos aquí lo mas digno
de notar.

Primeramente hay una Coleccion de Mapas Chi-
nescos, Terrestres y Astronómicos de todos tamaños; pero sin explicacion alguna en ninguna lengua
Européa. Tambien hay una Biblioteca Chinesca de
mas de 2y800 Tomos, y una gran cantidad de manus-

cri-

critos Orientales : toda la Biblioteca de la Académia consistia hace algunos años en mas de 37ᵤ
volúmenes.

Una de las Colecciones mas preciosas es la de
Fetos , conservados en espíritu de vino , desde el
principio de la organizacion hasta su perfecto tamaño. Hay particularmente en este Gabinete una
Coleccion de muchos millares de monedas de Persia , de Tartaria y de la Arabia , entre las que se
encuentra una exâcta continuacion de todos los Ca-
lifas : hay muchas Diademas sacadas de Kazan ; y
una medalla sumamente rara de *Amida* , ciudad de
Mesopotamia. Este Gabinete es en general muy rico en todos géneros , pero sobre todo en *fosiles* , entre los que se hallan algunas petrificaciones muy
hermosas. Ademas de la infinidad de antigüedades
que se han desenterrado en diversas provincias de
este vasto Império , y se hallan aquí , hay tambien
algunas alhajas de Pedro I. Entre estas se cuentan
principalmente muchas Obras de marfil que este
Emperador torneó. Despues estan los vestidos y
uniformes que comunmente llevaba : un par de medias , que , segun dicen , habia él mismo zurcido;
prueba incontestable del método de vida tan sencillo que este Príncipe hacía. Tambien conservan allí
el

el Caballo que le mataron en la batalla de *Polta-va*: Pedro I. está allí representado en cera al natural, con un vestido de seda bordado por su segunda Esposa Catalina. Esta figura y un boton de cobre que hay fixado en una puerta para señalar la altura de este Héroe, hacen ver que no era menos grande en lo físico, que en lo moral.

La Acadêmia paga todos sus gastos de su propia renta : la Corona le subministra 60ꝑ rublos anuales ; y ademas de esto disfruta tambien de la venta de Gazetas, Almanaques, &c. pero todo esto lo necesita para suplir lo mucho que le cuesta las impresiones de sus trabajos, la manutencion del Gimnasio, y la cantidad de empleados que tiene : la Acadêmia contiene tambien su Imprenta, y una fundicion de letras.

La Acadêmia de las Artes fué fundada por el Conde *J. J. Schuvalof* en el reynado de la Emperatriz Isabel : su edificio, que es un quadrado sumamente grande, situado en la Vasili-Ostrof, es uno de los mejores que adornan la ciudad de Petersburgo. Esta fundacion era demasiado pequeña para la munificencia de Catalina II. que ha aumentado el número de los discípulos hasta 300, sacados la mayor parte de las clases mas inferio-

res

res del pueblo: estan divididos en cinco edades diferentes, y despues de los seis años no son admitidos, porque sería muy dificil destruir las primeras impresiones de la educacion viciosa que reciben de sus padres: su educacion dura quince años, en cuyo tiempo se enseña á cada uno, segun su inclinacion; el Dibujo, la Pintura, el Gravado, la Escultura, la Arquitectura, la Música, y todas las Artes en general: ademas de esto todos los discípulos estan mantenidos y vestidos á expensas de la Corona: cada edad está vestida de diferente color, y todos tienen dos vestidos, uno para los dias de fiesta, y otro para el de trabajo: todos los años se distribuyen entre los discípulos mas sobresalientes unos cortos premios, y otros mayores cada tres años; los que los ganan tienen licencia para salir fuera del Imperio á perfeccionarse en su arte á expensas de la Académia: luego que se acaba el termino prescripto para sus viages, muchos de estos suplican á la Académia les permita quedarse en los Reynos Estrangeros, alegando para ello, que allí ganan mucho mas que en Rusia, donde quizá perecerian de hambre por falta de trabajo. Hay seis Salones muy grandes, en los que estan expuestas á la vista todas las Obras de la Académia, entre

las

las quales se nota particularmente una Coleccion de Animales pintados al ólio por el célebre Pintor de la Corte *Groot*.

30.º

De la Música Nacional.

La Música Rusa merece atencion por su carácter original. Quizá la casualidad ha sido inventora de los instrumentos de Música, queriendose imitar la voz humana con los instrumentos de cuerda, y de estos solamente se sirven para acompañar la voz en los países que aún conservan la simplicidad antigua. La principal parte de la Música Rusa la compone el canto; éste es muy sencillo y tan monotono, que todas sus composiciones de Música son solo variaciones sobre un mismo tema: los Estrangeros no hallan casi ninguna diferencia en el canto de los Rusos, y así no se sabe por los tonos qual de los afectos del alma quieren explicar: los versos de los que se componen sus canciones no tienen consonantes, y la única atencion que ponen es en la cadencia de las palabras, que en Ruso tienen una gran diferencia de sonidos. El pueblo conserva aún algunos romances antiguos en redondi-

Hh   llas

llas , como la historia del Gigante *Ilia Muravitz* y otros. Hace algun tiempo que se han introducido nuevas canciones diferentes de las antiguas, que son generales en Rusia , y tienen alguna semejanza con nuestras seguidillas. Los instrumentos propios de la Música Nacional son muy sencillos y faciles de tocar.

El mas comun de todos es la *Balalaica* , que es al modo de nuestras guitarras , con la sola diferencia, que el cuerpo es redondo ó triangular: tiene dos cuerdas solamente, la una se puntéa con la mano izquierda, y con la derecha las dos á un tiempo : no hay Ruso , por infelíz que sea , que no tenga uno ó diferentes instrumentos de estos. El mas antiguo de todos es la *Dútka* , que se halla representado en todos los monumentos antiguos de los Griegos: se compone de una flauta doble con tres agujeros cada una, y se tocan las dos á un tiempo. La *Valnika* , que es una especie de gayta, es el mas sencillo de todos, y se compone de una vexiga de Buey con dos flautas dentro. La *Gurly* es una harpa orizontal con solo dos cuerdas de cobre. El *Gudok* es una viola imperfecta : los dedos no alcanzan mas que á la quinta, y con un arco muy corto se tocan las tres cuerdas á un tiempo.

po. De todos los pueblos que pertenecen á la Rusia no hay ninguno tan aficionado á la Música como el de la *Ukrania*; la situacion Meridional de esta provincia , la gran fertilidad de su suelo y la general abundancia , de la qual nacen las comodidades de la vida y la aficion á los placeres, son causa que esta Nacion sea una de las mas voluptuosas; casi se puede decir , que la única ocupacion de sus moradores es divertirse ; todos son muy aficionados al bayle y á la Música , por lo qual estas gentes no conocen las miserias que padece la mayor parte de nuestros Labradores ó habitantes del Campo : prefieren la *Pandura* á todos los instrumentos , que es una especie de laud , con la qual acompañan todos sus cantos , ya sean alegres ó ya serios : los Nobles de esta provincia no conocian anteriormente mas Música que ésta ; pero despues se han dado mucho á la Música Italiana y Alemana. El Músico de la Emperatriz, llamado *Maretsch* , ha inventado nuevamente una Música de caza muy nombrada en Rusia : primeramente mandó hacer 37 bocinas todas de una misma forma, pero de diferentes tamaños , y cada una con su sonido particular ; despues hizo ensayar á los Músicos Rusos en la medida de los sonidos , enseñan-

do-

doles á cada uno á tocar su bocina con tanta exâctitud, que el que oye esta Música por la primera
vez, cree que no hay mas de un solo instrumento:
es imposible explicar esta Música, es preciso oirla;
pero todos convienen en que no es posible inven-
tar Música tan señora y magestuosa.

3 1.º

De la Educacion Nacional.

La Rusia es seguramente el país donde mas se
han ocupado y han gastado en este objeto; y así
hay tantos establecimientos de enseñanza.

El primero de todos es el Cuerpo de *Cadetes*
Nobles del país, fundado por la Emperatriz Ana
en 1731, y al qual ha dado la Emperatriz actual
una nueva planta: con dificultad se hallará en ninguna parte de Europa establecimiento igual á éste:
el edificio destinado á este efecto ocupa casi un
barrio entero de la ciudad de Petersburgo; está situado en la Vasili-Ostrof, y coge en toda su circunferencia un terreno de 1253 toesas: dentro de
él hay cinco Hospitales, una Biblioteca, una Iglesia Griega, otra Luterana y otra Católica, un Arsenal, un Gabinete de Física y otro de Historia
Na-

Natural, un Teatro, un Almacen de uniformes, una Imprenta, una Botica, un hermoso Jardin, un juego de pelota, un Picadero, un Labadero, un baño, &c. &c. en general se cuentan en este edificio 1260 aposentos. Setecientos jóvenes Nobles, todos hijos de Capitan á lo menos, son admitidos aquí de la edad de cinco á seis años; cada tres años se reciben nuevos alumnos: ninguno de ellos puede salir del Colegio sin expreso permiso de la Emperatriz, ó hasta que se haya cumplido el tiempo señalado para los estudios, que es de quince años: en este tiempo se les enseña á los Cadetes lo siguiente: la Religion, á Leer, á Escribir, la Aritmética, el Ruso, el Alemán, el Francés, la Geografía, la Historia, la Geometría, la Algebra, la Fortificacion, la Artillería, las Bellas Letras, el Dibuxo, á hacer planes de Fortificacion, la Estática, la Lógica, la Física, la Arquitectura Civil, &c. Ademas de esto en las horas de recreo se exercitan los Cadetes en montar á Caballo, en baylar, en la esgrima, en saltar, en la música, en tornear, en jugar á la pelota y en declamar. Cada Cadete viene á costarle á la Emperatriz en los quince años, en todo 4410 rublos. En los últimos seis años llevan uniforme Militar, y estan báxo las

ór-

órdenes de los Oficiales: todos los años, durante el buen tiempo, estan acampados y sujetos entonces á toda la Disciplina Militar: luego que han acabado sus estudios y salen del Cuerpo, reciben todos el grado de Tenientes, á menos que por su mala conducta no los pongan en otros rangos inferiores; á los que mas se han distinguido les dan una pension de 600 rublos durante tres años, para que viajen á los países Estrangeros. El gran número de Maestros, Ayos é Inspectores que este establecimiento requiere, y la gran facilidad con que estos son depuestos por la menor causa, hace que se varíe en los métodos de la enseñanza, á que se añade la multitud de cosas que á un mismo tiempo se enseñan, y de todo resulta que los discípulos no aprendan ninguna ciencia á fondo, y solo adquieran algunos conocimientos superficiales. Ademas de los 700 Cadetes Nobles destinados al Estado Militar, se reciben tambien otros 150 sacados de las demas clases del pueblo, que aprenden Artes Prácticas, y se distinguen de los Nobles solo por el color del trage: luego que salen les es permitido exercer cada uno su profesion libremente, sin que el establecimiento los sujete á cosa alguna.

La fundacion del Convento de *Voskresensky*, hecho

cho por la Emperatriz Isabel para sí misma , y que despues ha sido destinado por Catalina II. para la educacion de 200 Señoritas Nobles , es parecida al establecimiento de Cadetes Nobles , tanto por su objeto como por sus defectos. La Superiora de esta Comunidad debe ser una viuda de un Oficial General por lo menos , y la mayor parte de las Ayas son Señoras Estrangeras : las discípulas aprenden las principales lenguas de Europa , las Ciencias propias á su sexô , y todas las Artes agradables ; las que mas se distinguen por su conducta y los progresos en los estudios , reciben al salir la cifra de la Emperatriz en oro , cuya señal honorífica llevan colgada al pecho hasta la muerte. En este mismo Convento , pero en una habitacion separada , se enseñan tambien un número igual de niñas de la clase inferior del pueblo , que reciben á un mismo tiempo la libertad , y una buena educacion.

En el Hospicio de Moscof hay tambien algunos centenares de muchachos que aprenden toda especie de profesiones.

Hay tambien un Cuerpo de Cadetes para la Marina , compuesto de 360 jóvenes , la mayor parte Nobles ; la primera clase se compóne de 120 Guar-

das

das Marinas, que todos los veranos van á exercitarse á el mar :: todo el Cuerpo está dividido en
tres Compañías, cuya direccion está á cargo de
un Capitan del primer rango; este Cuerpo cuesta
al año 4700 rublos.

Otro Cuerpo de Cadetes mas numeroso es el
de Artillería, de Ingenieros y de Fortificacion: estos no tienen tiempo limitado para su instruccion.
En este mismo establecimiento se educan tambien
muchos jóvenes destinados á dirigir con el tiempo
el trabajo de las minas; aprenden á ensayar, la Hi-
dráulica, la Mecánica, &c.

La Escuela, llamada de San Pedro, es un establecimiento creado y dotado por la Emperatriz
reynante, en la qual se admite toda clase de niños
y niñas desde la edad de cinco años arriba, y el
número de estos no baxa por lo regular de 400: está
dividida en cinco clases; en la primera se enseña
á leer y escribir en Francés, Alemán y Ruso, y los
elementos de la Aritmética: en la segunda los principios gramaticales de dichas tres lenguas, y no-
ciones preliminares de Geografía con la Aritmética: en la tercera se tratan las lenguas con mas extension, se continúan la Geografía y la Aritmética, y se empieza la Historia: en la quarta se exer-
ci-

citan en traducciones en las tres lenguas, la Geometría, la Física, la Historia Natural y la Geografía en todas sus partes : en la quinta se perfec-
cionan en todos estos conocimientos, y se trata
particularmente de la Trigonometría : todo lo dicho es de instituto , en cuyas lecciones emplean
siete horas al dia con mucho aprovechamiento : ademas de esto hay tambien sus horas determinadas
para la instruccion en las Religiones Griega y Luterana ; pero no para la Católica Romana, bien
que se permite se enseñe ésta en particulár. Se le
puede llamar casi gratuito este establecimiento, pues
no se paga al año mas que en la primera clase 12
rublos ; en la segunda 16; en la tercera 20, y en
la quarta y quinta 24 : ademas de esto, hay Maestros de las lenguas Inglesa y Latina, de Diseño,
de Esgrima y de Bayle, que todos se pagan apar-
te : los Lunes y Jueves de cada semana se reunen
los niños y niñas (pues estas tienen sus clases en
el lado opuesto á las de los niños) en un salon á
apréder y exercitarse en el bayle ; hay doce Maestros que los llevan de las Universidades de Alemania ; viven en el mismo edificio, y pueden recibir pupilos por sí; los tienen en su habitacion, y
les dan la comida y una buena asistencia por 200

ru-

rublos al año, sin que tengan que pagar ninguna otra cosa al Colegio. La Emperatriz tiene en él doce jóvenes, que despues de haber concluido sus estudios (que por lo regular es al cabo de seis años) los destina en la Secretaría de los negocios Estrangeros, de donde los envian agregados á las Embaxadas para que se acaben de instruir : en esta Escuela hay jóvenes de las mas Naciones de Europa, que los envian á instruirse en las lenguas Francesa, Alemana y Rusa, y en otros conocimientos del país, como yo lo he hecho en los tres años que he concurrido á este Colegio; y así se podian enviar jóvenes de quince á veinte años que adquiririan estos conocimientos con útilidad y ahorro del Estado; pues con 4ʊ reales al año habia bastante para cada uno, y las plazas que tenemos dotadas para este fin con 12ʊ reales anuales cada una, no producen por lo regular el efecto deseado porque muchos se dedican solamente á entender algo del Francés, y sin mas conocimientos se vuelven á España.

Ademas de todos estos establecimientos ha fundado la Emperatriz reynante uno nuevo en Petersburgo, que llaman *Lombard* ó Casa de Niños Expósitos: despues de la educacion que aquí dan á estas infelices

ces criaturas, reciben tambien la libertad, que es el don mas precioso que la liberalidad de Catalina puede prodigarles. Las mugeres pobres embarazadas pueden igualmente acogerse en esta Casa, donde las tratan con mucho cuidado y comodidad; pero el Estado exige de ellas el fruto que llevan á depositar, para formar de ellos con el tiempo unos hombres libres, bien educados, y que puedan ser útiles á su patria.

Catalina II. no contenta con procurar á sus pueblos una buena educacion con tan diversos establecimientos, ha querido tambien librarlos de uno de los mayores males que amenazaban sus vidas. Las viruelas fueron desconocidas en Rusia hasta el año de 1631, en cuyo invierno se presentaron por la primera vez en *Turukansk Mangaseya* en el norte de la Siberia, de cuyas resultas murieron la mayor parte de los *Ostiacos* y *Samoyedos*: despues se han ido esparciendo por todo el Imperio, y han penetrado hasta el Kamtschatka: al cabo de doce ó quince años vuelven periódicamente, y la mitad de las gentes que las tienen son víctimas de este contagio: en Rusia no causan tantos estragos á causa probablemente del uso habitual que desde la mas tierna edad hacen de los baños calientes: en

Ru-

Ruso llaman á las viruelas *vospa*, y en árabe *has-ba*, y por la semejanza de estas voces se conjetura, que han sido los Tártaros quienes las han introducido en la Siberia, habiendolas estos tomado de los Arabes. La Emperatriz, tan valerosa como bienhechora de sus vasallos, ha hecho en sí misma y en el heredero del Imperio el primer ensayo de la inoculacion; la memoria de este dia, en el qual dió á sus súbditos tan grande exemplo, se celebra con una fiesta anual, y los padres no temen ya el peligro imaginario de esta operacion. Catalina II. ha fundado una Casa de inoculacion en Petersburgo, en la que se cuidan los niños con el mayor esmero. La insercion de las viruelas es ya una operacion familiar para las madres en la Livonia, y no necesitan valerse de ningun Facultativo para este efecto.

32.º

De la Literatura.

Quando se describe el estado de una Nacion, en lo que mas se debe fixar la atencion, es en los progresos que ésta haya hecho en los conocimientos intelectuales. Los Rusos poseen, puede ser, la mejor

len-

lengua que se habla hoy en Europa; y sin embargo de lo rica que por sí misma es, podria serlo aún mucho mas, si hubiera sido exercitada por algunos Autores sabios: á principios del siglo XI. era ya bastante rica para poder explicar por una traduccion fiel, las sublimes pinturas de la Santa Escritura; pero exceptuando algunos anales tan secos como sencillamente escritos, la literatura de los Rusos consistió por mucho tiempo en algunas canciones; no obstante de esto, se encuentra ya alguna energía en el estilo del Metropolitano *Kiprian*, que en el siglo XIV. escribia la Historia de su Nacion, y en el del *Stolnic Lizlof*, que compuso una Historia de los Scitas en el reynado del Tzar Mixâil. El Arzobispo de Nowogorod *Phéofano Prokapovitch*, que sirvió de tanto á Pedro I. para la reforma de la Iglesia Rusa, compuso tambien eloqüentes Sermones, Panegíricos, Historias y Poesías; estableció un Gimnasio, en el que se enseñaban muchos jóvenes que mostraron mucha disposicion y talentos; y á este Prelado se le debe la creacion de las Letras en Rusia. *Trediakofsky*, infatigable Escritor, tenia una pasion muy grande á las Letras, y hizo una excelente traduccion de la Historia antigua de Roma, escrita por *Rollin*. Pero de todos

los

los Autores Rusos, no hay ninguno que se pueda comparar con *Lomonozof*, Príncipe de los Poetas Rusos: este célebre hombre, hijo de un Pescador de *Kolmogóry*, nació en las orillas del Dwina Septentrional, cerca de las playas heladas del mar Blanco; fué á un mismo tiempo eloqüente Orador, Gramático, Historiador, Retor, Poeta, buen Físico, y un Químico muy hábil: sin embargo tuvo por competidor en la Poesía á *Sumorokof*, que compuso una Tragedia en el Cuerpo de Cadetes Nobles donde se estaba educando: este jóven puro, elegante y harmonioso en su estilo, ha tratado de toda clase de Poesías, y si en la Tragedia no ha podido igualar á *Racine*, ni en la Comedia á *Moliere*, ni á *Boileau* en la sátira; todo el mundo conviene en que sus ingeniosas Fábulas son, despues de las de *La-Fontaine*, las mejores que se conocen: él ha sido el fundador del Teatro Ruso, que hoy no cede en nada á los mejores de Europa. Los Rusos tienen ahora tambien su Poema-épico bastante bueno, compuesto por *Mixáil Kerascof*, Curador de la Universidad de Moscof. La traduccion del Quinto-Curcio hecha por *Krascheninnikof* ha tenido en Rusia el mismo éxito que la de *Vaugelas* en Francia; pero el traductor Francés no era como el Ruso, Bo-

ta-

tanista, Historiador y Naturalista; y no habia ido
al extremo de Hemisferio á observar las tierras y
los pueblos desconocidos y nuevamente descubier-
tos. Ademas de los Poetas Rusos que han escrito en
su lengua, ha habido otro que ha compuesto en
Francés diferentes Poesías, que los mismos Franceses han atribuído mucho tiempo á sus mejores Poetas: éste ha sido el Conde de *Schuvalof*, que ha traducido en Francés diferentes obras Rusas de Lomonozof y otros Autores. La Emperatriz actual ha
fomentado infinito la literatura Rusa, destinando
desde el año de 1768 diez mil rublos anuales para traducir en la lengua Rusa las mejores obras Estrangeras; y el número de libros escritos y tra-
ducidos en Ruso suben ya á cerca de dos mil. Esta misma Emperatriz ha querido dexar á la posteridad la mayor prueba de su munificencia y de
su deseo de ilustrar á sus Pueblos y fomentar la
Literatura en su Imperio, dándo á luz un Vocabu-
lario de todas las lenguas y dialectos conocidos en
el mundo, que ella misma ha ordenado, y se ha
publicado en Petersburgo en 1786. Por todo lo que
llevamos dicho se verá, que si el estado de las Letras en Rusia no ha llegado al punto de perfeccion
que en otras Naciones, estan los Rusos á lo me-

nos

nos muy distantes del concepto de salvages, en el que muchos Autores han querido ponerlos aun en estos ultimos tiempos. Los Rusos, esclavos desde la infancia, sin voluntad, sentimiento ni accion propia, parecen á la primer vista estúpidos y salvages; pero exâminados de cerca se observa en ellos mucha inteligencia, y una disposicion admirable para todas cosas. Pedro I. que intentó civilizarlos, aumentó su esclavitud queriendo asemejarlos á los pueblos libres, y los cargaba de cadenas deseando verlos volar en la carrera de las Ciencias y de las Artes: sin embargo de todos estos obstáculos, apenas empezó á reynar, vió brillar á su lado muchos hombres de talento; Pheofano en la Iglesia; Scharikof en los Negocios; Scheremetief, Galitzin &c. en las Armas, y otros muchos en diferentes ramos. En fin, para mayor prueba de que los Rusos no son por naturaleza estúpidos é ignorantes como muchos han afirmado, bastará reflexîonar, que los Europeos hace siglos que salieron de la barbarie, y que los Rusos han hecho tan rápidos progresos en Ciencias y Artes, que se han puesto á nivel con la Europa, habiendo empezado su ilustracion á principios de este siglo, y báxo de un gobierno despótico.

F I N.

azon de todas las Mercaderías que se
mo año de 1791.

Noderias que se extraen a.		Navíos que llegaron á Petersburgo en el año de 1791.	
todas	ra almohada.		
Por escado	Pieles de Liebre, de Ardillas, de Zorras de todos colores, de Armiño, de Oso, de Carnero, de Cordero, &c. &c.	Rusos	24.
I		Ingleses	526.
Embre-		Españoles . . .	14.
F no, de		Franceses . . .	35.
P gibre.	Fierro viejo.	Portugueses . .	6.
I oja.	Filastica.		
Buey y	Jarcia.	Holandeses . . .	64.
H	Trigo.		
D efante	Cebada.	Dinamarqueses.	111.
s.	Harina de trigo y de cebada.	Imperiales . . .	5.
I uey y			
S	Centeno.	Suecos	56.
L iferen	Avena.		
	Sémola.	Lubequeses . .	45.
S	Linaza.		
H	Resina.	Hamburgueses.	35.
	Esteras.		
M	Entenas.	Prusianos . . .	2.
Por	Talco y otros muchos efectos.	Rostocqueses. .	75.
y		Americanos . .	20.
d			
N		Dantziqueses. .	7.
Por		Bremeses	9.
Berlin n		Oldemburg.ses.	4.
n afas y			
na pa-		1	

MI AÑO DE 1788 POR NAVIOS DE
a, con especificacion de sus valores, y

Ca NUACION.		
32 res de las 41, s.	Sus valores. Rublos.	Derechos de Aduana.
20, , ...	3051,528.	
s.	7,728.	40 Copekes el pud.
25 ho	10,536.	1 Rublo, 60 cop.ˢ el pud.
765	5,659.	Franca.
317 tunas.	6,443.	1 Rublo el pud.
26 sas	142,377.	40 Copekes el pud.
281 z.	52,438.	20 Copekes el pud.
459	182,974.	Franca.
476 e	25,116.	Franco.
216, de España. . . .	56,640.	9 Rublos la Pipa.
210 de plata en		
127	44,010.	}
127 de plata en		} Franca.
N	320,117.	}
228 barra	6,428.	} Franco.
2943	. . . . . .	. . . . .
m	. . . . . .	. . . . .
117	. . . . . .	. . . . .
m	. . . . . .	. . . . .
483	. . . . . .	. . . . .
34	. . . . . .	. . . . .
290	. . . . . .	. . . . .
29,9	. . . . . .	. . . . .
die	. . . . . .	. . . . .
6611	. . . . . .	. . . . .
otal	3,910,994.	

CORRECCIONES.

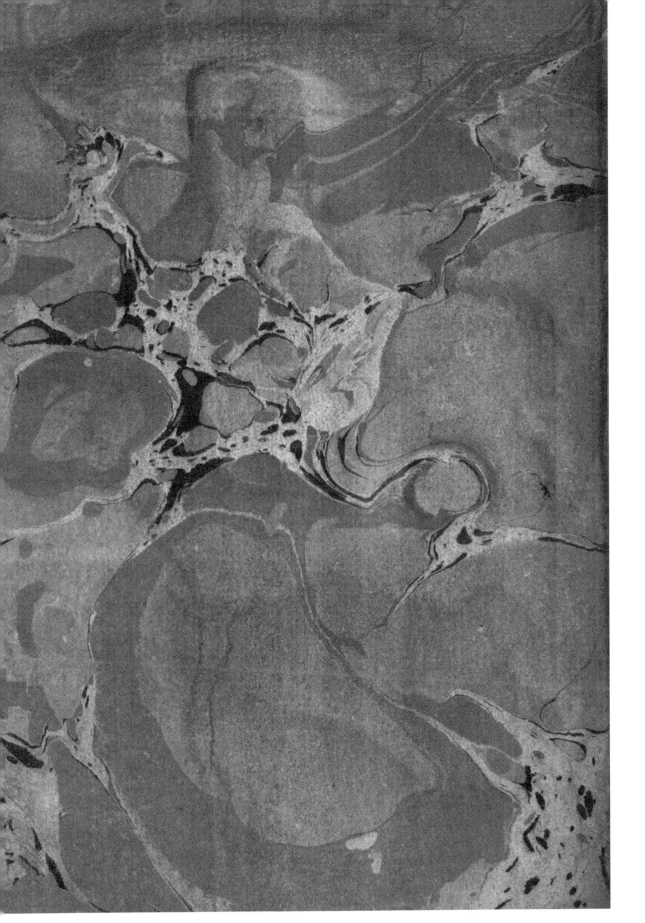

CPSIA information can be obtained
at www.ICGtesting.com
Printed in the USA
BVHW012046150119
537892BV00008B/138/P